中国式现代化与乡村振兴系〔列〕

总主编：魏礼群　主　编：张照新　朱立志

加快乡村产业振兴

朱立志 ◆ 编著

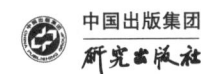

中国出版集团
研究出版社

图书在版编目(CIP)数据

加快乡村产业振兴/朱立志编著. -- 北京：研究出版社，2024.1
ISBN 978-7-5199-1574-2

Ⅰ.①加… Ⅱ.①朱… Ⅲ.①乡村－农业产业－产业发展－研究－中国 Ⅳ.①F323

中国国家版本馆CIP数据核字(2023)第181472号

出 品 人：赵卜慧
出版统筹：丁　波
责任编辑：朱唯唯

加快乡村产业振兴

JIAKUAI XIANGCUN CHANYE ZHENXING

朱立志　编著

研究出版社 出版发行

（100006　北京市东城区灯市口大街100号华腾商务楼）
北京云浩印刷有限责任公司　新华书店经销
2024年1月第1版　2024年1月第1次印刷
开本：880毫米×1230毫米　1/32　印张：7.125
字数：159千字
ISBN 978-7-5199-1574-2　定价：39.80元
电话（010）64217619　64217612（发行部）

版权所有·侵权必究
凡购买本社图书，如有印制质量问题，我社负责调换。

序

以习近平同志为核心的党中央高度重视"三农"工作。随着脱贫攻坚战的圆满收官，我国解决了绝对贫困问题，全面建成小康社会，实现了第一个百年奋斗目标，已迈入第二个百年奋斗目标的新征程。党的二十大报告提出，到本世纪中叶，全面建成社会主义现代化强国。而全面建设社会主义现代化国家，最艰巨最繁重的任务依然在农村。要坚持农业农村优先发展，坚持城乡融合发展，畅通城乡要素流动，加快建设农业强国，扎实推动乡村产业、人才、文化、生态、组织振兴。全面推进乡村振兴，是新时代新征程推进和拓展中国式现代化的重大任务。

2023年是贯彻落实党的二十大精神的开局之年。中央1号文件强调，要抓好两个底线任务，扎实推进乡村发展、乡村建设、乡村治理等乡村振兴重点工作，建设宜居宜业和美乡村，为全面建设社会主义现代化国家开好局起好步打下坚实基础。

任务既定，重在落实。进入"十四五"以来，党中央、国务院围绕保障粮食安全、巩固拓展脱贫攻坚成果、防止规模性返贫和全面推进乡村振兴重点工作，出台了一系列政策文件和法律法规，"三农"发展方向、发展目标、重点任务更加明确，工作机制、工作体系、工作方法更加完善，为乡村振兴战略推进奠定了基础。但是，由于"三农"工作是一个系统工程，涉及乡村经济、社会各个领域、各个环节、各类主体，仍然可能面临不少理论和实践问题。例如，如何处理农民与土地的关系、新型农业经营主体与小农户的关系、粮食安全与农民增收的关系、乡村发展与乡村建设的关系等等。全面推动乡村振兴工作的落实落地,需要深入研究许多问题和困难挑战。

习近平总书记指出,问题是时代的声音,回答并指导解决问题是理论的根本任务。理论工作者要增强问题意识,聚焦实践遇到的新问题、改革发展稳定存在的深层次问题、人民群众急难愁盼问题、国际变局中的重大问题、党的建设面临的突出问题,不断提出有效解决问题的新理念新思路新办法。

我们欣喜地看到,近年来,有些"三农"领域的理论工作者已经开始站在实现中国式现代化的新高度,加快推进农业强国建设,开展相关的理论研究和实践探索工作,并形成了一批成果。本套丛书的出版,可以说就是一次有益的尝试。丛书全套分六册,其中:

《夯实粮食安全根基》,系统介绍了粮食安全相关的基础知识和保障粮食安全涉及的粮食生产、储备、流通、贸易等多方面政策,通俗易懂地解答了人们普遍关心的粮食安全领域热点难点民生问题。

《加快乡村产业振兴》,结合乡村产业发展涉及的产业布局优化、产业融合发展、绿色化品牌化发展、产业创新发展,分门别类地就热点问题进行了概念解读、理论分析和政策阐释,并结合部分先进地区的发展经验,提供了部分可资借鉴的发展模式和案例。

《构建现代农业经营体系》,在阐释相关理论和政策、明晰相关概念和定义的基础上,回答了现代农业经营体系建设相关工作思路的形成过程、支持鼓励和保障性政策的主要内容、各项政策推出的背景和意义、政策落实的关键措施、主要参与主体、发展模式等问题。

《推动农民农村共同富裕》,围绕农民就业增收、经营增效增收、就业权益保障、挖掘增收潜力等多个方面，详细介绍了促进农民收入增长的政策、路径和方法。

《促进农户合作共赢》，通过对农民专业合作社的设立、组织机构、财务管理、产品认证、生产经营、年度报告、扶持政策等内容进行全面的解读，为成立农民专业合作社过程中在经营管理、财务管理、政策扶持等方面有疑问的读者提供了参考建议。

《建设宜居宜业和美乡村》，在系统梳理宜居宜业和美乡村建设已有做法、经验的基础上，全面介绍了农村厕所革命、农村生活污水治理、农村生活垃圾治理、村容村貌提升、农业废弃物资源化利用、乡村治理等领域的基础知识、基本情况、政策要求、技术路径、方法要领和典型模式，以及发达国家的做法经验。

六册丛书以乡村发展为主，同时涵盖了乡村建设和乡村治理两个领域，具有重要参考价值和指导意义。各册内容总体上分章节形式，体现清晰的逻辑思路；在章节内采取一问一答形式，便于使用者精准找到自己想要的问题答案。部分书册节录了部分法律和政策文件，可供实际操作人员查阅参考。

在丛书的选题以及编写过程中，各位作者得到了研究出版社社长赵卜慧、责任编辑朱唯唯等的大力支持和帮助，在此一并致谢！同时，由于水平所限，书中难免存在问题和不足之处，请予以指正。

本套丛书付梓之际，应邀写了以上文字，是为序。

魏礼群
二〇二三年十一月

目录

壹

第一编 背景与概念

- 003　什么是乡村？乡村的范围如何界定？
- 003　什么是乡村产业？
- 004　乡村产业与农业有什么联系和区别？
- 004　乡村产业有哪些显著特征？
- 005　我国乡村产业的发展历程如何？
- 008　乡村产业振兴是何时提出的？提出背景是怎样的？
- 009　推进乡村产业振兴的意义是什么？
- 011　推进乡村产业振兴的目的是什么？
- 012　什么是乡村产业体系？乡村产业体系涵盖哪些细分产业？
- 013　现代乡村产业体系是如何形成的？
- 014　现代乡村产业体系分类与农业统计产业分类有什么区别？
- 015　如何构建乡村产业体系？
- 016　什么是现代种养业？与传统种养业有何区别？
- 017　什么是乡村特色产业？我国乡村特色产业具有哪些功能属性？
- 017　乡村特色产业发展有哪些特点？为什么说要做好"土特产"文章？
- 018　农产品加工流通业有哪些功能和作用？

019　乡村休闲旅游业的发展背景如何?
020　乡村休闲旅游业有哪些功能和作用?
021　乡村新型服务业有什么特点?
021　乡村新型服务业有哪些作用?
022　乡村信息产业的发展背景如何?
023　发展乡村信息产业有什么重要意义?

第二编 目标任务与支持政策

027　为什么说产业振兴是乡村振兴的重中之重?
028　我国乡村产业振兴的目标有哪些?
030　乡村产业振兴与农业农村现代化的关系如何?
031　乡村产业振兴与农业强国的关系如何?
031　党的十九大后我国乡村产业振兴的进展和成效如何?
032　现阶段乡村产业振兴面临哪些发展机遇?
033　现阶段乡村产业振兴面临哪些问题?
034　现阶段乡村产业振兴面临哪些挑战?
035　现阶段乡村产业振兴的主要任务是什么?
037　现阶段乡村产业振兴的重点产业方向是什么?
038　现阶段乡村产业振兴的重点工作有哪些?
040　振兴乡村产业应遵循哪些原则?

040	振兴乡村产业需要处理好哪些关系？
041	什么是产业政策？产业政策的作用是什么？
042	我国乡村产业政策的主要功能有哪些？
043	近年关于乡村产业振兴的政策文件有哪些？
044	支持乡村产业振兴的财政政策有哪些？
045	支持乡村产业振兴的税收政策有哪些？
046	促进乡村产业振兴的金融政策有哪些？
047	涉及乡村产业振兴的人才扶持政策有哪些？
048	涉及乡村产业振兴的用地政策是如何规定的？
048	涉及乡村产业振兴的科技支撑政策有哪些内容？
049	涉及乡村创新创业发展的支持政策有哪些？
050	振兴乡村产业应遵循哪些法律规范？
051	社会资本参与乡村产业振兴的规定有哪些？

叁

|第三编| 产业布局优化

055	如何定义产业布局？什么是产业布局优化？
055	产业布局相关理论有哪些？主要内容是什么？
058	我国乡村产业布局有什么阶段性成果？存在什么主要问题？
059	我国乡村产业区域间布局优化的方向如何？
061	我国乡村产业链布局优化的方向如何？

062	乡村产业布局优化应处理好哪些关系？
062	什么是产业集群？
063	我国乡村产业集群建设的目标是什么？
064	申报国家级乡村产业集群有什么条件？
065	国家级乡村产业集群享受什么支持政策？
066	现代农业产业园的建设方向是什么？支持政策如何？
067	申报国家级现代农业产业园需要满足什么条件？
067	农业产业强镇建设的目的是什么？支持政策有哪些？
068	全国农业产业强镇的创建和认定条件有哪些？
071	什么是"一县一业"？实施背景和意义是什么？
072	各级政府关于"一县一业"的支持政策如何？
075	什么是"一村一品"？发展"一村一品"的意义是什么？
075	支持"一村一品"发展的政策如何？
076	全国"一村一品"示范村镇的申报和认定条件有哪些？
077	我国的地理标志农产品保护政策有哪些内容？
079	国家对农产品加工业的布局有何方向和原则？
080	乡村特色产业布局优化的支持方向是什么？

肆

|第四编| 产业融合发展

083	什么是产业融合？乡村产业融合的涵义是什么？

083	我国提出乡村产业融合发展的背景是怎样的？
084	乡村产业融合发展的根本目的是什么？路径有哪些？
085	我国支持乡村产业融合发展的政策有哪些？
086	现阶段我国重点推动哪些乡村产业融合？
087	各地应如何推动乡村产业融合发展？
088	推动乡村产业融合发展应注意什么？
089	什么是乡村产业链？我国乡村产业链建设的政策目标是什么？
090	如何围绕产业链推动乡村产业纵向融合？
091	如何围绕农产品加工业打造产业链？
092	提升农产品加工业的重点领域和环节有哪些？
093	如何围绕乡村特色资源打造产业链？
094	乡村产业横向融合发展的模式有哪些？
096	什么是田园综合体？其重点建设内容有哪些？
098	国家对田园综合体建设有什么支持政策？
099	国家级田园综合体的申报条件是什么？
101	田园综合体的运营模式有哪些？
102	为什么要建设国家农村产业融合发展示范园？建设程序是怎样的？
102	创建国家农村产业融合发展示范园的条件是什么？有什么支持政策？
103	乡村休闲旅游业发展中有哪些问题？应如何优化发展？
104	国家对乡村休闲旅游业的支持政策和举措有哪些？
105	如何推动林下经济产业发展？

- 106　新型农业经营主体在促进农村三产融合中发挥什么作用？
- 106　如何在乡村产业融合发展中带动农户增收？

伍
第五编　绿色化品牌化发展

- 111　国家对乡村产业绿色发展的方针是什么？背景如何？
- 111　我国近年出台了哪些关于乡村产业绿色发展的政策文件？
- 112　我国乡村产业绿色发展的重点领域有哪些？各有哪些具体举措？
- 113　什么是"三品一标"？新旧"三品一标"有什么区别？
- 115　申请农产品地理标志应该满足哪些条件？
- 116　如何申请农产品地理标志？
- 117　什么是质量认证？为什么要开展农产品质量安全认证？
- 118　我国的农产品质量安全认证有哪些？
- 119　什么是无公害农产品认证？
- 119　如何进行无公害农产品认证？
- 121　申请绿色食品认证需要哪些条件？
- 122　申请绿色食品认证需要哪些材料？
- 124　认证委托人申请认定有机食品需要什么条件？
- 125　申请认定有机食品需要哪些材料？
- 125　危害分析与关键点（HACCP）认证具体指什么？
- 127　什么是食品良好生产规范（GMP）认证？

129	什么是卫生标准操作规范认证（SSOP）？
129	什么是中国良好农业规范（China GAP）认证？
130	各地应如何推进农业生产"三品一标"行动？
130	各地推进农业生产新"三品一标"的发展模式有哪些？
133	什么是农产品品牌建设？为什么要进行农产品品牌建设？
134	目前农产品品牌建设存在哪些问题？
135	怎样建设农产品品牌？
136	如何推动乡村特色产业品牌化发展？

陆

第六编	产业创新发展

141	乡村产业创新发展涵盖哪些方面？
142	国家对乡村产业创新发展的方针是什么？背景如何？
143	农业创新发展的主体有哪些？如何加快创新主体培育和发展？
144	现阶段我国农业创新发展的重点领域是什么？
144	什么是现代农业产业技术体系？
145	我国农业技术推广体系的发展现状如何？怎样加强农业技术推广体系建设？
146	什么是农业机械化？我国农业机械化发展的政策举措有哪些？
146	我国推进农业机械化的重点有哪些？
147	什么是设施农业？设施农业有什么特点？

- 149　我国设施农业的发展前景如何？
- 150　如何加快发展设施农业？
- 151　我国乡村信息产业发展的重点有哪些？
- 152　如何推进农村电商发展？
- 153　各地如何加快加强县域商业体系建设？
- 154　乡村服务业的发展前景如何？如何推动乡村服务业发展？
- 155　国家对乡村创业创新的方针政策如何？背景是什么？
- 156　推动乡村创业发展的措施有哪些？
- 157　各地促进农村创业创新的典型模式有哪些？
- 157　当前乡村产业投资的热点方向有哪些？
- 158　什么是预制菜？其发展背景如何？
- 158　预制菜产业的发展前景如何？如何推动产业健康发展？

第七编　国内外发展模式与经验

- 163　国外乡村产业发展的模式有哪些？
- 163　美国乡村产业发展的经验有哪些？
- 165　加拿大乡村产业发展的经验有哪些？
- 166　荷兰乡村产业发展的经验有哪些？
- 167　法国乡村产业发展的经验有哪些？
- 168　日本乡村产业发展的经验有哪些？

170　韩国乡村产业发展的经验有哪些?
172　国内乡村产业发展的典型模式有哪些?

| 附件 | 政策文件参考

179　附件1　中华人民共和国乡村振兴促进法（节选）
186　附件2　农业农村部关于拓展农业多种功能　促进乡村产业高质量发展的指导意见
198　附件3　《社会资本投资农业农村指引（2022年）》（摘录）
205　附件4　财政部、农业农村部2022年重点强农惠农政策（摘录）

第一编　背景与概念

壹

◉ 什么是乡村？乡村的范围如何界定？

乡村是具有自然、社会、经济特征的地域综合体。《中华人民共和国乡村振兴促进法》指出：本法所称乡村，是指城市建成区以外具有自然、社会、经济特征和生产、生活、生态、文化等多重功能的地域综合体，包括乡镇和村庄等。这一定义明确了"乡村"的地域范围是在"城市建成区"之外，主要包括乡镇和村庄，而农场、林场、渔场等只要符合规定也可以包括进来。

过去人们在描述乡村时，多使用"农村"，这主要是从生产功能角度表述以农业为主的区域。相应地，农村中从事农业生产的人称为农民；而从居住功能角度描述，同样的空间多称为乡村，两者的涵义基本上是相同的。

乡村与城镇是相互对应的概念。《乡村振兴战略规划（2018—2022年）》提出，乡村与城镇互促互进、共生共存，共同构成人类活动的主要空间。

◉ 什么是乡村产业？

"产业"一词最初由重农派提出，特指农业。随着社会大生产时代的来临，产业更多地指向工业、服务业。《辞海》中指出，"产业是指由利益相互联系的、具有不同分工的、由各个相关行业所组成的业态总称"。经济学界普遍认为，产业是指生产相近或相关产品（或提供相似或相关服务）的企、事业经营主体的集合，是社会分工发展的必然结果，是科技进步的结果，也是区域经济的载体。

顾名思义，乡村产业就是在"乡村"范围内产生和发展的产业。综合乡村的定义和产业的概念，学术界有人认为，乡村产业是立足县域，以农业农村资源为依托，以农民为就业主体，包括种养业、农产品流通业、农产品加工业及乡村休闲旅游业等在内的复合型产业。《国务院关于促进乡村产业振兴的指导意见》指出，乡村产业根植于县域，以农业农村资源为依托，以农民为主体，以农村一二三产业融合发展为路径，地域特色鲜明、创新创业活跃、业态类型丰富、利益联结紧密，是提升农业、繁荣农村、富裕农民的产业。

● 乡村产业与农业有什么联系和区别？

乡村产业与农业既有联系也有区别。农业是人类利用动植物及微生物等生物有机体，将自然界的物质转化为人们需要的产品的生产经济活动，一般指以种植业（包括农业种植和林业种植）、养殖业（畜牧养殖、渔业捕捞和水产养殖）为主的产业，在三大产业分类中称"第一产业"。在乡村地区，农业是主要的经济活动，不仅提供了农产品和食品，也为其他乡村产业提供了原材料和支持。同时，乡村产业相比农业的外延要大得多，除农业外还包括农产品加工业、乡村手工业、乡村休闲旅游业、乡村服务业等。其中，不仅涵盖第一产业，也包括第二产业和第三产业。

● 乡村产业有哪些显著特征？

乡村产业是城市建成区以外的乡村地区，依托农业农村资源，以农民为就业或投资主体的各类产业。与城市产业相比，乡村产业乡土特色浓厚，联农带农突出，具有如下显著特征：

一是布局上的县域性。县级行政区划是我国行政区划的重要层级，它上接城市、下联镇（乡）、村，是城乡融合的核心节点。乡村产业位于县域空间范围内。县域行政机关通过统筹县、镇（乡）、村，优化空间功能布局，培育县域、镇（乡）主导产业和村户适宜产业，构建县城、镇（乡）、村层级分工明显、功能有机衔接的产业格局。

二是属性上的联农性。乡村产业是姓农、立农、为农、兴农的产业，联农带农是其基本特征。立足乡村资源，发掘乡村多元价值，促进乡村资源优势转为产业优势。拓展农业多种功能，多环节延伸农业链条、多层次提升农业价值，增加农民收入，让农民分享多环节收入。发挥农民技能优势，促进农民就业，引导农民家业变产业、小众变大众、自发变自觉。

三是业态上的多元性。乡村产业在传统农业的基础上，通过产业链条延伸融合，一产往后延、二产两头连、三产走高端，一二三产业在延伸、交叉中互融、共进，形成多元产业和业态。从传统产业视角看，乡村产业包括农林牧渔等各类产业，可以提供多元的农产品种类，形成多样产业类型；从新型产业视角看，乡村产业通过在农业中融入现代要素而催生出观光农业、体验农业、功能农业等各类新兴业态。产业类型和业态的多元，拓展了乡村产业概念的边界，为农民提供了更多的就业机会和广阔的增收空间。

● 我国乡村产业的发展历程如何？

乡村产业属于非常古老的产业。原始社会后期"抱布贸丝"，封建社会的男耕女织、多余产品到集市上售卖，都是乡村产业的萌芽；15 世纪中叶西方资本主义社会开始推行农业规模化生产，标志着乡村产业的发端。就我国来说，20 世纪初开始部分乡村地区的农民兴办家庭工场、手工作坊和乡村车间,标志着我国现代意义上的乡村产业开始发展。自那时以来,我国乡村产业经过了不断演进的历史过程。其中,1949年新中国成立之后,我国乡村产业的发展大体历经了五个阶段:

1. 产业艰辛发展阶段(1949—1978年)。新中国成立后,初期农业发展以粮为纲,以解决吃饭问题为核心;随着二元经济制度建立,推进成立人民公社,开始兴起"公社化"热潮,社办工业也开始增多。到20世纪70年代初,社办工业改为社队企业,到1978年,社队企业总产值430多亿元,在农村产值中约占1/3。

2. 产业快速发展阶段(1979—2001年)。改革开放后,农业生产力充分释放,吃饭问题得到解决,农村要素市场开始活跃,农民主体活力带动产业创造活力,不少乡村集体和农民引入人才、资本,兴办二、三产业。1984年,中共中央、国务院转发农牧渔业部《关于开创社队企业新局面的报告》,将社队企业更名为乡镇企业。1987年,乡镇企业产值4854亿元,首次超过农业总产值。1992年,党的十四大提出建立社会主义市场经济体制,"产加销一体化"的农业产业化和"贸工农一条龙"的外向型经济得到快速发展。1997年,《乡镇企业法》施行,规定乡镇企业要承担支援农业义务。2000年,乡镇企业增加值在国内生产总值中占27%,被称为"三分天下有其一";在工业增加值中占47%,被称为"半壁江山"。

3. 产业开放发展阶段(2002—2012年)。进入新世纪后,城乡要素交换市场开始形成,农业发展的业态越来越丰富,农业产业化推动乡村产业走向多元,农业产业向乡村产业拓展延伸。中国加入WTO后,经济全球化带动一部分乡镇企业参与全球市场,并逐步成长壮大。不少乡村"工商建运服"企业进入园区，沿海一些制造业聚集的地方成了"世界工厂"。2002年，国务院办公厅印发《关于促进农产品加工业发展的意见》，一部分采掘、建筑、制造企业转向种养业、农产品加工业等，不少一产向二产延伸拓展。乡镇企业总产值中来自农产品加工业的比例从2002年的19%上升到2011年的33%。

4. 产业融合发展阶段（2013—2016年）。党的十八大以来，农村创业创新环境持续改善，由以一产为主向接二产连三产转变，新产业新业态大量出现。国务院办公厅2015年印发《关于推进农村一二三产业融合发展的指导意见》，2016年印发《关于进一步促进农产品加工业发展的意见》《关于支持返乡下乡人员创业创新促进农村一二三产业融合发展的意见》，以农产品加工业为主的二产、以休闲农业为主的三产增值增效、联农带农作用越发凸显，各类乡村产业茁壮成长、蓬勃兴起。

5. 产业振兴发展阶段（2017年至今）。党的十九大提出乡村振兴战略，要求推进"产业兴旺"。2018年中央提出以县域为主战场推动产业振兴，2019年国务院印发《关于促进乡村产业振兴的指导意见》，2021年农业农村部印发《关于拓展农业多种功能 促进乡村产业高质量发展的指导意见》，产业融合、产城融合、城乡融合逐渐深化，乡村产业规模不断扩大，互联互通、共享共生、绿色安全等成为产业发展的主要特征，乡村产业发展也进入新的发展阶段。党的二十大提出，全面推进乡村振兴，坚持农业农村优先发展，加快建设农业强国，为加快乡村产业振兴进一步指明了方向。

● 乡村产业振兴是何时提出的？提出背景是怎样的？

在 2017 年召开的党的十九大报告中，习近平总书记首次提出了乡村振兴战略。他指出，农业农村农民问题是关系国计民生的根本性问题，必须始终把解决好"三农"问题作为全党工作的重中之重，实施乡村振兴战略。其后，在 2018 年参加全国两会山东代表团审议时，习近平总书记提出要推动乡村产业振兴、人才振兴、文化振兴、生态振兴和组织振兴"五大振兴"，其中将乡村产业振兴放在首要位置。

提出包括乡村产业振兴在内的乡村振兴战略，背景主要是着眼于我国社会主要矛盾的变化。党的十九大报告指出，中国特色社会主义进入新时代，我国社会主要矛盾已经转化为人民日益增长的美好生活需要和不平衡不充分的发展之间的矛盾。这主要表现在：一是城乡发展不平衡突出。二是农业农村发展不充分。我国农业农村"人多地少"，规模化经营、机械化生产以及科技化应用都难以实现，缺乏现代化农业的生产方式，导致农业农村现代化水平与农业生产率偏低，农产品不具备国际竞争力，务农收益不高，打击农民的生产积极性。三是我国农村仍有较多低收入人口。2020 年是我国全面建成小康社会、消除绝对贫困的收官之年，要实现共同富裕必然要重视低收入人口的可持续发展。即使脱贫之后，仍存在着内生动力不足带来的返贫风险。

城乡地区发展不平衡，农业农村发展不充分，农村居民收入低，背后的一个重要原因就是城乡产业结构的差异。因此，习近平总书记提出要将"产业振兴"作为乡村振兴的首要任务和根本保障。可以说，推进乡村产业振兴，是面对和解决我国社会主要矛盾变化的必然举措，是巩固脱贫攻坚成果的必然要求。

● 推进乡村产业振兴的意义是什么？

乡村产业振兴，是指与乡村发展有关的所有产业的共同振兴，既包括农业的振兴，也包括乡村二三产业的振兴；既包括农村传统产业的发展，也包括农村新产业新业态的发展。推动乡村产业振兴，有助于实现我国农业高质量发展，提升我国农业国际竞争力，促进农民就业增收，实现农业农村可持续发展。

1. 乡村产业振兴是实现农业高质量发展的保障。改革开放以来，我国粮食产量稳定增长，有效解决了人民吃饱问题，肉奶蛋等生产能力持续提高，为人民提供了更加多样化的产品选择。但是，我国农业依然面临劳动生产效率低、结构性矛盾突出、先进技术利用不足、对环境不友好等问题。具体表现为：第一产业的劳动力生产率远低于非农产业，仅仅是二三产业的约四分之一；农产品数量较为充足，但质量上不能满足居民消费升级需要。如何用有限的土地、有限的资源、越来越稀缺的劳动力生产出更丰富和优质的农产品，是我国农业高质量发展必须解决的问题。推进乡村产业振兴，有利于夯实产业基础，优化产业结构，促进农业转型升级，从而顺应农业高质量发展的要求。

2. 乡村产业振兴是提升我国农业国际竞争力的基础。从全球发展趋势看，国家间农业贸易竞争日趋激烈，国内农业面临的冲击不断加剧。我国农业资源禀赋先天不足，严重削弱了基础竞争力。破解这个难题，必须调整农业发展理念，在乡村产业发展方面下功夫，发挥精耕细作优势，在劳动密集、技术密集乃至资本密集的农业产业拓展方面作文章；必须发挥互联网科技带动、种质资源丰富等优势，瞄准农业农村富含生态、文化资源等市场优势，深度挖掘农业的附加价值和农村的多元价值，在关键领域形成竞争力；必须突出乡村产业融合，优化要素组合方式。通过乡村产业振兴，发展中国特色乡村产业，将有力推动我国建设世界农业强国，在全球范围内塑造中国农业强国形象。

3. 乡村产业振兴是保障农民就业增收的抓手。党的十八大以来，我国农民收入增速高于城镇居民人均可支配收入增速，但我国城乡居民人均可支配收入比仍然较高，只有拓宽农民就业渠道、加快农民收入增速，才能缩小城乡收入差距，提升农民的幸福感和获得感。从农民收入构成看，工资性收入和经营性收入是农民收入中最主要的组成部分，约占80%。推进乡村产业振兴，有利于创造更多乡村就业机会，提高农民工资性收入和经营性收入，巩固脱贫攻坚成果，激活农村内需，重构国内循环产业链，助力国内国际双循环格局的形成。

4. 乡村产业振兴是实现农村可持续发展的动力。改革开放以来，随着城市经济的发展，我国农村劳动力大量转移，一方面促进了国家工业化、城镇化的快速发展，另一方面也致使农村出现了空心化现象；一些地方过度开发农业资源，农村生态环境破坏日益严重；众多村集体收入不多，难以为村民提供必要的公共服务，村民参与村庄管理的热情不高，不少农村面临可持续发展难题。解决这些问题，根本途径是厚植乡村产业根基，利用经济发展带动人员回流、资源保护、服务改善，实现农村可持续发展。振兴乡村产业，推动乡村产业集群集聚、提档升级，吸引更多人才和其他要素流向农村，有利于实现乡村经济多元化和农业全产业链发展，以城乡产业协同发展推动城乡融合发展，使农村社会重现生机活力。

● **推进乡村产业振兴的目的是什么？**

一是保障供给、确保安全。持续增强食物保障功能，确保粮食安全和重要农产品有效供给，稳步提升粮食综合生产能力、重要农产品供给能力，推动乡村产业质量效益明显提升，保数量、保质量、保多样有效实现。

二是拓展功能、提升价值。在促进食品保障功能坚实稳固的基础上，促进生态涵养功能加快转化、休闲体验功能高端拓展、文化传承功能有形延伸，统筹实现"产业兴旺有市值、生态宜居有颜值、乡风文明有气质、治理有效有基质、生活富裕有品质"，扭转乡村衰落、推进乡村转型。

三是聚集资源、激发活力。吸引资金、技术、人才、土地、信息等资源要素更多地向乡村汇聚，激活要素、激活市场、激活主体，加快农业与现代产业要素跨界配置，丰富更多业态类型，形成城乡要素顺畅流动、价值平等交换、产业优势互补、市场有效对接格局。

四是促进增收、实现共富。立足农业农村资源禀赋，充分发挥土地、劳动力、原材料等方面的成本优势，将乡村产业链布局规划在县域内，通过建立有效的联农带农机制，让农民有活干有钱赚，充分享受产业发展带来的红利；让农村能人留下来、外部人才流进来、人气人脉旺起来，实现乡村活力旺盛。

◉ 什么是乡村产业体系？乡村产业体系涵盖哪些细分产业？

产业体系，是指由相近、相似产业分类共同组成的经济部门体系。乡村产业体系，就是以乡村为依托、以农业为核心的相近或相似产业组成的经济部门体系，是一国国民经济的重要组成部分之一。

根据 2019 年下发的《国务院关于促进乡村产业振兴的指导意见》(国发〔2019〕12 号)，要着力发展六个方面的乡村产业：一是现代种养业，包括大宗粮食作物和其他重要农产品种植、畜禽养殖、渔业、经济林和林下经济作物种植等；二是乡土特色产业，包括小宗类、多样性特色作物、植物种植、特色食品、特色制造、特色手工业和绿色建筑建材、乡村特色文化产业等；三是农产品加工流通业，包括农产品加工业、农产品产地、集散地、销地批发、零售市场运营业、农产品物流业等；四是乡村休闲旅游业，包括乡村旅游、都市农业、体验农业、休闲观光园区、乡村民宿、森林人家和康养基地、农家乐等；五是乡村新型服务业，包括农资供应、土地托管、代耕代种、统防统治、烘干收储等农业生产性服务业，以及改造传统小商业、小门店、小集市等发展批发零售、养老托幼、环境卫生等农村生活性服务业；六是乡村信息产业，包括"互联网+"现代农业、信息进村入户等信息基础设施建设和服务、农村电子商务服务、快递物流服务等。

以上论述，清晰列明了乡村产业体系的六个细分产业，即现代种养业、乡土特色产业、农产品加工流通业、乡村休闲旅游业、乡村新型服务业、乡村信息产业。乡村产业振兴，就是围绕这六个产业进行的。

◉ 现代乡村产业体系是如何形成的？

现代概念上的乡村，是农业发展和农民生活的载体，具有多元的功能和价值。第一，乡村承担着确保粮食和重要农产品的供给功能。粮食等重要农产品是人们基本生活资料的主要来源。粮食只能从耕地上产出，其他农产品也大多产自于乡村。确保粮食和重要农产品供给是乡村特有的功能，是城市所没有的。相反，城市越发展，城市集聚的人口越多，乡村所承担的这一功能就越重要。第二，乡村承担着为整个空间包括城市和乡村自身提供生态屏障和生态产品的功能。我国国土面积的大部分是乡村，山水林田湖草沙也大多在乡村。从这个角度讲，乡村是保护和涵养生态环境的主要空间载体。第三，乡村承担着为人们的部分观光旅游、度假休闲、养生养老需求提供空间载体的功能。第四，乡村承担着传承发展中华民族优秀传统文化的功能。我国农耕文化源远流长，是维系民族文化基因的重要纽带。与城市文化的融合性不同，相对封闭的环境使乡村在传承传统文化方面具有独特优势。习近平总书记指出，现如今，乡村不再是单一从事农业的地方，还有重要的生态涵养功能，令人向往的休闲观光功能，独具魅力的文化体验功能。

乡村的多样化功能价值，推动了乡村产业的扩展，形成了现代乡村产业体系。在食品保障功能方面，消费者对健康、安全、便捷、多样的饮食需求驱动着传统农业向现代种养业转变，发展农产品加工和流通，促进农村电商的发展，构建从田头到餐桌的供应链体系。在生态涵养方面，对于良好生态环境的渴望，推动了绿色农业、循环经济的发展，优良的生态环境也形成了各种各样的乡村生态产品和服务。在休闲体验方面，消费者对观光旅游、度假休闲、养生养老的需求井喷，乡村休闲旅游民宿和康养业成为引人注目的行业。在文化传承方面，对传统文化的回溯，带来对乡村非物质文化遗产的关注和古村名镇、民俗村落的保护。

● 现代乡村产业体系分类与农业统计产业分类有什么区别？

农业统计是反映农业农村经济活动的"晴雨表"，对促进乡村产业振兴和服务政府决策发挥着重要作用。统计分类标准是界定统计范围、明确统计对象的前提，对准确反映农业规模、结构具有重要意义。随着我国农业经济活动领域由传统种植、养殖向加工流通、休闲旅游以及生产性服务拓展，传统的农林牧渔业分类已难以对这些活动进行准确和全面反映。特别是随着乡村振兴战略的深入推进，新产业新业态新模式不断涌现，为全面准确反映全产业链价值，更好地服务于现代农业发展和乡村产业振兴，国家统计局、农业农村部于2020年发布实施《农业及相关产业统计分类（2020）》。

《农业及相关产业统计分类（2020）》的农业及相关产业是指农林牧渔业，以及产品为农林牧渔业所用、直接使用农林牧渔业产品和依托农林牧渔业资源所衍生出来的二、三产业，包括农林牧渔业生产、加工、制造、流通、服务等环节形成的全部经济活动。具体范围为农林牧渔业、食用农林牧渔业产品加工与制造、非食用农林牧渔业产品加工与制造、农林牧渔业生产资料制造和农田水利设施建设、农林牧渔业及相关产品流通服务、农林牧渔业科研和技术服务、农林牧渔业教育培训与人力资源服务、农林牧渔业生态保护和环境治理、农林牧渔业休闲观光与农业农村管理服务、其他支持服务等10个大类。

上述 10 个类别，与本编前述问题中的现代乡村产业体系覆盖的范围基本相同，但也有区别。如统计分类中的农田水利设施建设、农业农村管理服务没有包括在现代乡村产业体系内，而农林牧渔业生态保护和环境治理与乡村产业体系中的部分细分产业既有交叉，也有区别。之所以两者存在差异，主要是由于统计分类需要科学性、实用性、针对性与可操作性相结合，既要充分考虑产业特点和全产业链构建，也要立足于现有统计工作基础和国民经济行业分类，统筹考虑行业的全面性和数据的可获得性。

● 如何构建乡村产业体系？

《农业及相关产业统计分类（2020）》中乡村产业体系的分类方法，是从产业分类、产业结构角度做出的。而从学术界观点来看，现代经济、技术条件下的乡村产业体系，内涵不仅表现在产业分类，还应强调产业各要素、业态之间的相互关联和协同发展，体现为一个集成化的系统。由此，部分学者提出，现代乡村产业体系是以乡村资源为中心，以县域为主要圈层，以农民为主体，以产业融合发展为根本路径，以乡村新产业新业态为重要组成，形成的紧密衔接、运行高效、彰显价值的综合产业系统。

构建现代乡村产业体系，就是运用现代科学技术和现代管理手段，合理配置乡村资源和生产要素，优化乡村产业布局，培育优势产业、主导产业、特色产业和价值链长的产业，形成上下游关联、优势互补、风险共担、利益共享的产业系统或产业集群。农业农村部 2021 年 3 月组织召开的全国推进乡村产业高质量发展会议明确地指出，构建现代乡村产业体系，要以农产品加工为重点，以乡村特色产业为拓展，以乡村休闲旅游业为带动，以新型服务业为补充，打造农业全产业链。

● 什么是现代种养业？与传统种养业有何区别？

现代种养业是在现代生产经营条件下、利用现代化先进生产经营模式的农产品种植业和畜禽养殖、水产品养殖业的统称。现代种养业相对于传统种养业的区别主要体现在：

1. 经营目标不同。传统种养业以满足温饱为生产目标，现代种养业的经营目标则是要追求利益最大化。传统种养业的市场意识薄弱，通常以产量最大化为生产目标，现代种养业则以市场为导向，以经济效益最大化为目标，运用现代化的经营管理方式和手段，并注重农村农民农业的可持续发展。

2. 经营规模不同。在我国，由于地少人多，传统种养业通常是小规模或者超小规模经营，现代种养业追求利润最大化，通常要求以一定规模生产，实现种养殖规模适度合理。

3. 经营方式不同。传统种养业一般是家庭生产，分散经营、粗放经营特征明显，而现代种养业多是利用现代化集约经营模式进行生产，注重土地利用率和劳动生产效率的提升。

4. 技术含量不同。传统种养业的技术含量比较低，一般是采用人力、畜力和手工工具、铁器等工具为主劳作，技术的应用和发展十分缓慢。现代种养业科学技术应用较多，机械化生产技术、生物科学技术都会被运用到，从种植、养殖的产前产中产后各个环节，有全程化的技术投入，知识的价值得以体现。

5. 对自然灾害的抵抗能力不同。传统种养业受自然环境的影响较大,而现代种养业将现代机械化的工具运用到生产,用人工培育更优的种子或品种,打造现代化的生产设施,普及温室大棚等设施的应用,对抗自然灾害的能力显著增强。

● **什么是乡村特色产业?我国乡村特色产业具有哪些功能属性?**

乡村特色产业也称乡土特色产业,是指根植于农业农村特定资源环境,具有地域特色、乡村价值、独特品质、多彩多样和小众消费特征的产业,包括特色种养、特色加工、特色食品、特色制造和特色手工业等。

与大宗农产品相比,乡土特色产业的产品不仅承载了食用、实用价值,而且大多承载了地方资源禀赋,具有区域特色属性;承载了历史文化传承,具有文化内涵属性;承载了绿色发展理念,具有健康价值属性;承载了城乡用户对美好生活的回忆或向往,具有人文理想属性。由此,乡村特色产业彰显了农业农村的多重价值。

● **乡村特色产业发展有哪些特点?为什么说要做好"土特产"文章?**

与其他乡村产业相比,乡村特色产业具有鲜明的特点:一是地方特色鲜明。乡村特色产业将区域内独特的资源开发成特有的产品,转化为特色商品。产业特色构成对区域特色的认知,品质独特,功能特殊,外部有一定知名度。二是乡村独有。乡村特色产业根植于农业农村、由当地农民主办,以乡村元素作为发展的条件。三是相对优势。乡村特色产业发展有其他产业发展不可替代的区位与资源条件。如，在一些地区有发展特色农产品生产的传统，技术比较成熟，相对集中连片，市场半径和市场占有份额大。

2022年中央农村工作会议明确提出要做好"土特产"文章，这是由于乡土特色产业的发展与我国消费发展趋势相吻合。从需求侧看，随着生活水平的提高，人们对乡村产品的需求正在由本土向区域，由中低端向中高端，由单一向多元化，由大众向个性化，由满足温饱向功能营养转变；对乡村产业的需求正在由单一的物质产品需求向文化体验、健康营养、生态休闲、养生养老综合性高质量需求转变。这与乡村特色产业的多重价值相一致。从供给侧看，我国农村创新创业日渐活跃，领域不断拓宽，层次不断提升，业态不断融合，产品和服务更加多样。乡村特色产业结合地方资源优势紧密，具有其他产业发展不可替代的资源禀赋基础，容易形成竞争优势，往往是创新创业的重点领域。

● 农产品加工流通业有哪些功能和作用？

农产品加工业是国民经济的重要产业，主要包括粮食加工业、油料加工业、果蔬茶加工业、肉制品加工业。农产品加工业一头连着农业、农村和农民，一头连着工业、城市和市民，沟通城乡，亦工亦农，是农业农村现代化的重要支撑力量。2020年7月农业农村部印发的《全国乡村产业发展规划（2020—2025）》指出，农产品加工业是提升农产品附加值的关键，也是构建农业产业链的核心。通过统筹发展农产品初加工、精深加工和综合利用加工，有利于完善产业结构，推进农产品提升价值。有数据显示，西方发达国家农产品直接消费的比例仅占20%，其他80%都是经过加工后消费的，农产品加工业的发展还会带动包装、保管、储运等行业的发展，从而完善乡村产业链。

随着农业市场化的程度不断提高，农业生产出现明显的结构性过剩，农产品流通业应需而生。农产品流通业是指农产品通过买卖交易和物流运输等活动，发生价值形态的变化和所有权的转移，以及由此派生的一系列组织行为的过程，包括批发、零售、储存、物流运输等。农产品流通业是农业生产过程中不可缺少的基本环节，是实现农业与其他系统、部门间物质交换、实现供需对接的渠道，是满足人们对农产品需要的重要来源，是实现农产品价值、为农业再生产和扩大再生产提供条件的基础，是发挥市场导向作用、促进农业农村资源优化配置的关键，在减少农产品损耗、提高农业经济效益方面也发挥着重要作用。

◉ 乡村休闲旅游业的发展背景如何？

乡村休闲旅游业是以农业农村资源、环境为依托的休养、体验、旅游产业的总称。我国乡村休闲旅游业最早兴起于20世纪90年代初，当时多是以分散的一家一户运营的农家乐为主要形式，为过往行人提供餐饮和住宿，此后的发展中开始逐步为城市居民提供休闲娱乐、饮食游玩等服务，这也是乡村休闲旅游最主要的形式之一。2015年，国家出台政策支持乡村休闲旅游业发展，乡村休闲旅游业迎来快速发展时期。

近年我国乡村休闲旅游业的蓬勃发展，主要受益于以下背景因素：

一是小康时代的休闲旅游需求提升。在全面建成小康社会的大背景下，人们闲暇时间增加，目前工薪阶层全年享受的节假日已有114天，这意味着公民出游机会的增加。与此同时，人们更加关注健康问题，而现代人对健康的理解已不再停留在身体机能正常、体格健壮、精力充沛的层面上，还包括情绪健康、精神健康、思想健康等多方面的指标。这种健康意识的提升，表现在旅游者期望通过参与休闲旅游活动得到身心的放松和愉悦，而乡村休闲旅游作为现代旅游的一种重要形式，能够满足旅游者利用短期假日愉悦身心的目的。正由于人们的休闲需求，刺激了乡村休闲旅游产业的迅速发展。

二是市场经济下城乡发展要素互动增加。随着市场经济的深入发展，部分资本、技术、人才等要素也开始由城市进入乡村。而越来越多的地方政府认识到发展乡村休闲旅游的重要意义，将发展乡村休闲旅游作为推动城乡统筹发展、协调发展、融合发展的重要举措，吸引城市资本进入乡村休闲旅游产业。

三是乡村环境的吸引力不断增强。乡村自然环境本来就优于城市，而近年来，通过扎实推进社会主义新农村建设、美丽乡村建设、厕所革命、人居环境整治三年行动计划等重大行动，我国乡村的居住环境也不断改善，这为发展乡村休闲旅游业创造了条件。

此外，不可忽视的一点是，随着我国工业化、城镇化的推进，越来越多的人由乡村进入城市，但他们的乡村情结一直存在，寻找乡村记忆也成为一些人到乡村休闲旅游的原因之一。

● **乡村休闲旅游业有哪些功能和作用？**

乡村休闲旅游业是"农业+"文化、旅游、教育、康养等融合发展形成的新兴产业，拓展了农业生态涵养、休闲体验、文化传承等功能，凸显了乡村的经济、生态、社会和文化价值，在带动农民增收和促进乡村全面振兴方面发挥着越来越重要的作用。

乡村休闲旅游业作为连接乡村和城市的重要纽带，既为城市居民提供了新的休闲场所，又为乡村经济发展提供了新的活力。乡村休闲旅游能够带动城市发展要素向乡村流动，促进社会资源和文明成果在城乡之间共享以及财富重新分配的实现，对打破我国长期以来的城乡二元经济结构、缩小城乡间的差距、实现区域经济协调发展具有重要的意义。乡村休闲旅游业还具有融合农村一二三产业的天然属性，对于完善现代乡村产业体系具有积极的意义。

● **乡村新型服务业有什么特点？**

乡村新型服务业是适应现代农村生产生活方式变化而产生和发展的产业，具有以下鲜明特点：一是业态类型丰富。乡村新型服务业可分为农业生产性服务业和农村生活性服务业两大类。其中，农业生产性服务业包括开展农技推广、土地托管、代耕代种、烘干收储等农业相关服务，以及市场信息、农资供应、农业废弃物资源化利用、农机作业及维修、农产品营销等服务。农村生活性服务业则涵盖了改造提升餐饮住宿、商超零售、美容美发、洗浴、照相、电器维修、再生资源回收等广泛的产业类别。二是经营方式灵活。乡村新型服务业可采取订制服务、体验服务、智慧服务、共享服务、绿色服务等新形态，以及"线上交易＋线下服务"等新服务模式。

● **乡村新型服务业有哪些作用？**

大力发展乡村新型服务业，对推进农村产业发展、振兴农村经济、促进农民增收具有重要意义，也有利于构建国内国际双循环格局。首先，发展农业生产性服务业，有利于解决小农户分散生产经营过程中遇到的适应市场、采用新机具新技术等一些共性问题，帮助小农户降本增效，实现小农户与现代农业发展的有机衔接，构建以家庭经营为基础的现代农业生产经营体系；有利于推进农资供应、技术推广、农机作业、疫病防治、金融保险、产品分级、储存和运销等服务的社会化和专业化，健全农业产业链，促进农业全产业链发展。其次，发展农村生活性服务业，有助于优化经济结构，促进居民就业，保障改善民生，有助于扩大国内需求，形成强大国内市场，助推经济高质量发展。

● 乡村信息产业的发展背景如何？

乡村信息产业既包括乡村产业信息化，也包括乡村信息服务产业化，是伴随着信息化、网络化、数字化在农业农村经济社会发展中的应用而发展起来的，同时也是农民现代信息应用技能提高的结果。一方面，随着乡村信息基础设施建设投入的不断加大，光纤宽带等设施不断健全，通信网络覆盖范围不断扩展。仅2018—2020年，中央财政补助近90亿元，带动电信企业投资超过230亿元，在农村地区部署超过5万个基站设施，我国超过99%的行政村通了光纤网络，村民生产生活上网越来越便利，而且成本大幅降低。另一方面，随着现代教育的发展以及农民参加培训的增多，农民应用信息技术的能力不断提升。通过掌握新的农业技术、获取农业信息，农民数字化生产管理能力得到提高，物联网、大数据、机器人等新一代信息技术在种养业的生产监控、精准作业等方面得到不同程度应用。农村电子商务蓬勃发展，规模持续扩大，涌现出大批农民主播和乡村创业者。

● **发展乡村信息产业有什么重要意义？**

发展乡村信息产业，既是乡村振兴的战略方向，也是建设数字中国的重要内容。发展乡村信息产业，推动现代信息技术与农业农村各领域各环节深度融合，有利于提高农业生产管理水平，加快推动农业发展方式根本转变；有利于促进农民就近就业，巩固脱贫攻坚与乡村振兴有效衔接；有利于实现农产品与城市市场的有机衔接，提高农民收入水平；有利于促进乡村治理体系的完善和透明，提高乡村公共服务能力。

第二编 目标任务与支持政策

● 为什么说产业振兴是乡村振兴的重中之重？

实施乡村振兴战略，产业振兴作为乡村振兴的首要任务。近年来，随着形势的发展特别是国际环境的变化，产业振兴的重要性越发凸显。

一是适应国际形势发展变化，需振兴乡村产业以夯实国家粮食安全基础。近年来，面对疫情、地缘冲突、极端天气、全球市场动荡等多方面风险挑战，中国经济保持了相对稳定发展，其中的重要支撑就是粮食稳产增产。只有手中有粮，才能心中不慌。面对百年未有之大变局，面对我国粮食生产存在的结构性矛盾，面对部分品种和领域存在的短板和问题，乡村产业必须有能力解决中国人的吃饭问题，在产业链供应链重要环节上不再受制于人，从而夯实国家安全基础。

二是适应社会主要矛盾变化，需振兴乡村产业以满足人民对更美好生活的向往。在短缺经济和供给不足时期，乡村产业首先需要做大规模，解决"有没有""够不够"的问题。而随着社会主要矛盾的转变，对乡村产业发展的要求必须重新认识。人民对美好生活的认知有了变化，一些过去不是很紧迫的问题（如食物营养问题、食品安全问题、生态环境问题）成了当务之急。乡村产业必须适应这种转变，与含义更为多元、内容更为广泛、层次更为丰富的"美好生活需要"相契合，不仅要满足食品保障功能，还需要解决人民对生态、文化、休闲、体验等的需求，拓展相应的产品、服务形态及实现方式。

三是适应推进共同富裕要求，需振兴乡村产业以提升农民收入。截至 2021 年底，我国人口城镇化率已经达到 64.72%，但农村居住人口仍有约 5 亿。相关研究认为，即便到 2035 年城镇化率达到 70% 以后，我国也仍将有 4.5 亿人在农村生活。同时，全面建成小康社会之后，我国要向实现共同富裕的现代化目标奋斗，但现实状况是，我国城乡居民收入仍存在较大差距。从绝对值看，在部分地区甚至有进一步增大的趋势。推动乡村产业振兴，延长产业链，提升价值链，完善利益链，提升乡村产业的增收和增效能力，把乡村产业的增值部分尽可能地留在乡村，实现小农户与现代农业有效衔接，有利于实现农民就业，增加农民收入，巩固拓展脱贫攻坚成果，推动农民农村共同富裕。

● 我国乡村产业振兴的目标有哪些？

近年来，国务院及农业农村部层面印发的多个文件都提出了我国乡村产业振兴的目标。

《关于促进乡村产业振兴的指导意见》提出，乡村产业振兴的目标是：力争用 5—10 年时间，农村一二三产业融合发展增加值占县域生产总值的比重实现较大幅度提高，乡村产业振兴取得重要进展。乡村产业体系健全完备，农业供给侧结构性改革成效明显，绿色发展模式更加成熟，乡村就业结构更加优化，农民增收渠道持续拓宽，产业扶贫作用进一步凸显。

《全国乡村产业发展规划（2020—2025 年）》提出，到 2025 年，实现乡村产业体系健全完备，乡村产业质量效益明显提升，乡村就业结构更加优化，产业融合发展水平显著提高，农民增收渠道持续拓宽，乡村产业发展内生动力持续增强。具体目标包括：农产品加工业持续壮大。农产品加工业营业收入达到 32 万亿元，农产品加工业与农业总产值比达到 2.8∶1，主要农产品加工转化率达到 80%。乡村特色产业深度拓展。培育一批产值超百亿元、千亿元优势特色产业集群，建设一批产值超十亿元农业产业镇（乡），创响一批"乡字号""土字号"乡土品牌。乡村休闲旅游业优化升级。农业多种功能和乡村多重价值深度发掘，业态类型不断丰富，服务水平不断提升，年接待游客人数超过 40 亿人次，经营收入超过 1.2 万亿元。乡村新型服务业类型丰富。农林牧渔专业及辅助性活动产值达到 1 万亿元，农产品网络销售额达到 1 万亿元。农村创新创业更加活跃。返乡入乡创新创业人员超过 1500 万人。

《"十四五"推进农业农村现代化规划》提出，到 2025 年，实现农业基础更加稳固，乡村振兴战略全面推进，农业农村现代化取得重要进展。其中包括：一是粮食等重要农产品供给有效保障。粮食综合生产能力稳步提升，产量保持在 1.3 万亿斤以上，确保谷物基本自给、口粮绝对安全。生猪产能巩固提升，棉花、油料、糖料和水产品稳定发展，其他重要农产品保持合理自给水平。二是农业质量效益和竞争力稳步提高。农业生产结构和区域布局明显优化，物质技术装备条件持续改善，规模化、集约化、标准化、数字化水平进一步提高，绿色优质农产品供给能力明显增强。产业链供应链优化升级，现代乡村产业体系基本形成。三是农村生态环境明显改善。农业面源污染得到有效遏制，化肥、农药使用量持续减少，资源利用效率稳步提高。 四是农村居民收入稳步增长。农民增收渠道不断拓宽，农村居民人均可支配收入增长与国内生产总值增长基本同步。到 2035 年，乡村全面振兴取得决定性进展，农业农村现代化基本实现。

《关于拓展农业多种功能 促进乡村产业高质量发展的指导意见》提出，到2025年，实现农业多种功能充分发掘，乡村多元价值多向彰显，粮食等重要农产品供给有效保障，农业质量效益和竞争力明显提高，优质绿色农产品、优美生态环境、优秀传统文化产品供给能力显著增强，形成以农产品加工业为"干"贯通产加销、以乡村休闲旅游业为"径"融合农文旅、以新农村电商为"网"对接科工贸的现代乡村产业体系，实现产业增值收益更多更好惠及农村农民，推动共同富裕取得更为明显的实质性进展。一是农产品保障功能持续增强。粮食综合生产能力稳步提升，粮食产量保持在1.3万亿斤以上，重要农产品供给能力稳步提升，农产品加工业与农业总产值比达到2.8∶1，加工转化率达到80%，保数量、保质量、保多样有效实现。二是乡村休闲旅游业融合发展。生态涵养、休闲体验和文化传承等农业特有功能持续拓展，绿色生产生活方式广泛推行，文明乡风繁荣兴盛，乡村休闲旅游年接待游客人数40亿人次，年营业收入1.2万亿元。三是农村电商业态类型不断丰富。数字乡村加快建设，农民生产经营能力普遍增强，农产品网络零售额达到1万亿元，农林牧渔专业及辅助性活动产值达到1万亿元，新增乡村创业带头人100万人，带动一批农民直播销售员。

◉ 乡村产业振兴与农业农村现代化的关系如何？

乡村产业振兴是实现农业农村现代化的重要支撑。习近平总书记指出，农业农村现代化是实施乡村振兴战略的总目标。也就是说，乡村振兴是推进农业农村现代化的重要路径。产业振兴是乡村振兴的重中之重。推进乡村产业振兴，打造具有更强创新性、更高附加值、更具竞争力的产业链供应链，构建现代乡村产业体系，才能让农业成为有奔头的产业，农民成为有吸引力的职业，农村成为安居乐业的美丽家园，实现农业农村现代化的目标。

● 乡村产业振兴与农业强国的关系如何？

党的二十大报告提出，加快建设农业强国，扎实推动乡村产业、人才、文化、生态、组织振兴；2022年中央农村工作会议指出，锚定建设农业强国目标，切实抓好农业农村工作。从逻辑关系看，全面推进乡村振兴是新时代建设农业强国的重要任务。也就是说，乡村振兴是建设农业强国必不可少的。产业振兴是乡村振兴的重中之重。只有振兴乡村产业，农业强国建设才可能行稳致远。从概念内涵看，农业强国主要表现在供给保障能力强、国际竞争能力强、科技创新能力强、产业链延伸能力强、可持续发展能力强五个方面。振兴乡村产业，形成现代乡村产业体系，客观上与提升五个方面的能力相吻合，因此两者在目标上是一致的，可以说是一枚硬币的两面。

● 党的十九大后我国乡村产业振兴的进展和成效如何？

自党的十九大提出乡村振兴战略以来，我国乡村产业振兴取得了显著成就，实现了良好开局，为未来乡村产业发展奠定了坚实基础。

一是现代农业加快发展。农业基础设施条件明显改善，全国粮食总产连续9年保持在1.3万亿斤以上。技术装备水平稳步提升，信息技术不断推广应用，2021年全国农业科技进步贡献率达到61%，农作物良种覆盖率超过96%，自主选育品种面积占95%，品种对单产的贡献率超过45%。绿色优质农产品供给持续增加，农产品质量安全水平连续多年保持在 97% 以上。农业标准化和品牌化建设也取得积极进展。

二是产业形态不断丰富。各地依托乡村资源，发掘新功能新价值，培育新产业新业态，特色产业快速发展。农产品加工深入推进，加工产能逐渐向粮食主产区布局。休闲农业和乡村旅游蓬勃发展。2020 年全国农业及相关产业增加值构成中，二三产业增加值合计占到 53.2%，反映出农业全产业链建设格局加快形成。

三是产业融合渐成趋势。一二三产业融合不断发展，融合主体大量涌现，融合业态多元呈现。综合种养等综合性农业面积扩大，"农业+"文化、教育、旅游、康养、信息等快速发展。2021 年底全国共有县级以上龙头企业 9 万家，依法登记的农民合作社 221.9 万家，家庭农场 380 万个。

四是内生动力不断增强。通过农业供给侧结构性改革、农村土地制度改革、农村集体产权制度改革，释放了乡村产业的发展活力，提升了乡村产业发展的内生动力。超过 1 亿农户与农业产业化龙头企业签订订单，通过"订单收购+分红""保底收益+按股分红""土地租金+务工工资+返利分红"等方式，促进了农民持续增收，增强了产业振兴的内生动力，振兴理念深入人心，振兴模式日益明晰。

● 现阶段乡村产业振兴面临哪些发展机遇？

一是国内市场空间广阔。随着我国进入上中等收入国家行列，消费结构加快升级，城乡居民的消费需求呈个性化、多样化、高品质化特点，对高端农产品的消费需求增加，休闲健康养生消费渐成趋势。国际国内双循环格局也将为乡村产业提供广阔的空间。

二是国际市场供应偏紧。受全球变暖、极端天气增加影响，区域性大规模粮食减产现象时有发生，农产品供给预期降低。地区冲突等事件也增加国际农产品供应体系的不确定性。

三是数字技术带来更多革新。随着数字基础设施的完善和农业数字化政策的推动，信息技术在农业生产经营领域加快应用，数字技术向乡村产业的渗透率加速提升，产业数字化进入从量变到质变阶段，引领乡村产业转型升级。

四是政策驱动力增强。经济下行压力带来扩大内需要求，支持保护制度不断健全，政策措施不断加力，更多资源要素向农村聚集，城乡融合发展进程加快，乡村产业发展环境不断优化。

● 现阶段乡村产业振兴面临哪些问题？

一是部分乡村产业规划定位不精准。部分地区制定的产业发展规划急于求成，只顾眼前利益而热衷于"短平快"的项目，造成项目前期论证不严谨，地理、环境、气候、市场等诸多因素考虑不周，在发展中遇到阻碍。

二是部分地区乡村产业结构单一且低端。一些邻近地区的乡村产业同质化严重，且主要集中于传统种植业、养殖业，农产品加工业特别是精深加工业成为明显短板；大部分产业没有形成产业链，抵御市场风险能力不足，市场竞争能力偏弱。

三是产业创新能力不够强。我国粮食等作物种植以及牛羊等养殖业的种业研发能力不足，农业机械化技术应用仍相对落后，影响了乡村产业的劳动生产率。部分乡村产业转型升级缓慢，不能适应消费升级要求。

四是产业融合程度不够高,缺乏创意农业、康养农业、生态农业等新业态集群,农业经营主体创新经营业态和模式不够,涉农服务业发展较为滞后。

五是联农带农益农机制不完善,导致农民无法全面合理地分享产业发展的红利;农民收入结构不合理,增收渠道少,城乡居民收入差距明显。

六是产业政策不够灵活。乡村产业经营主体类型众多,从业人员参差不齐,"一刀切"的产业政策容易影响农民的生产积极性,影响乡村产业体系的正常运转。

● 现阶段乡村产业振兴面临哪些挑战?

一是资源要素相对稀缺。我国乡村产业发展涉及的土地、资金、技术、人才、信息、市场等资源要素,与城市产业相比,总体上仍比较稀缺,乡村产业振兴受到明显制约。尤其是流入乡村产业的资金不足,乡村复合型人才少、文化程度偏低、年龄偏大。

二是农民内生动力不足。政府作用高于市场作用,导致部分产业的效益较低、发展周期较短、同质化现象严重,农民参与乡村产业发展的意愿较低。

三是面临市场对接难题。大部分小农户在知识、能力等方面都存在不足,产品只能通过政府采购和人情关系认购,没有形成市场化、产业化格局。

四是可持续发展面临考验。尤其是近年新发展的部分乡村产业项目,大多以农旅、生态种植(养殖)业为主,政府投入多、补贴多，实现长期盈利面临考验。

● 现阶段乡村产业振兴的主要任务是什么？

一是提升粮食等重要农产品供给保障水平。在新形势下，乡村产业的功能发生了变化，由物质产出向非物质产出延伸，由"农林牧渔"向"山水田林湖草"迈进。但是，乡村产业的基本功能不能改变，即确保以粮食为中心的重要农产品的有效供给，同时，要不断提升产品的层次、质量、多样性，满足人民群众对更丰富、更高层次和质量产品的需求。《关于拓展农业多种功能 促进乡村产业高质量发展的指导意见》提出，要实现农产品保障功能持续增强，粮食综合生产能力稳步提升，粮食产量保持在1.3万亿斤以上，保数量、保质量、保多样有效实现。2022年中央农村工作会议提出，实施新一轮千亿斤粮食产能提升行动，保障粮食安全，在增产和减损两端同时发力；树立"大食物观"，构建多元化食物供给体系。

二是提升乡村产业质量效益和竞争力。乡村产业不仅承担着发掘5亿乡村人口的消费市场、实现扩大内需的任务，还需要提高产业发展质量、效益和竞争力。要通过乡村产业的发展，遏止农产品贸易逆差越来越大的趋势，从而达到从国内来看满足需求保证供给、从全球来讲提高质量效益和竞争力的目的。2022年中央农村工作会议指出，要落实产业帮扶政策，做好"土特产"文章，依托农业农村特色资源，向开发农业多种功能、挖掘乡村多元价值要效益，向一二三产业融合发展要效益，强龙头、补链条、兴业态、树品牌，推动乡村产业全链条升级，增强市场竞争力和可持续发展能力。要转变产业发展方式，从单纯数量增长向数量质量安全并重转变，提高全要素生产率。

三是提升产业链供应链现代化水平。习近平总书记指出,现在发展乡村产业,不像过去就是种几亩地、养几头猪,有条件的要通过全产业链拓展产业增值增效空间。乡村产业要通过挖掘需求,延长产业链、提升价值链、保障供给链、完善利益链。《全国乡村产业发展规划(2020—2025年)》提出,到2025年要实现乡村特色产业深度拓展,乡村休闲旅游业优化升级,农业多种功能和乡村多重价值深度发掘,业态类型不断丰富,服务水平不断提升。具体包括:以农产品加工业为重点贯通产加销,向产业中上游和价值链中高端拓展,农产品加工业与农业总产值比达到2.8:1,主要农产品加工转化率达到80%。《关于促进乡村产业振兴的指导意见》提出,用5—10年时间,农村一二三产业融合发展增加值占县域生产总值的比重实现较大幅度提高。

四是提升乡村居民收入水平,推进共同富裕。增加农民收入是乡村产业振兴的重要使命和根本目的。要坚持农业农村优先发展,把乡村产业的各个环节尽可能地留在县域、留在乡村。提升乡村产业的增收和增效能力,增加农民就业,提高农民收入,巩固脱贫成果,推动共同富裕。《全国乡村产业发展规划(2020—2025年)》提出,通过壮大农产品加工业显著增加农民家庭经营性收入,实现加工业营业收入达到32万亿元。发展乡村旅游业,年接待游客人数超过40亿人次,经营收入超过1.2万亿元。发展新型服务业,农林牧渔专业及辅助性活动产值达到1万亿元。《国民经济和社会发展第十四个五年规划和2035年远景目标纲要》提出,到2035年要基本实现农业现代化和城乡区域发展差距、居民生活水平差距显著缩小。

◉ 现阶段乡村产业振兴的重点产业方向是什么？

根据《中共中央 国务院关于做好二〇二三年全面推进乡村振兴重点工作的意见》（2023年中央一号文件），现阶段乡村产业振兴的重点产业方向包括：

1. 粮食及大豆油料生产。全方位夯实粮食安全根基，强化藏粮于地、藏粮于技的物质基础。实施新一轮千亿斤粮食产能提升行动。推动南方省份发展多熟制粮食生产。实施玉米单产提升工程。深入推进大豆和油料产能提升工程。扎实推进大豆玉米带状复合种植，推行稻油轮作，支持木本油料发展。

2. 多元化食物供给相关产业。多元化食物供给体系就是指粮经饲统筹、农林牧渔结合、植物动物微生物并举的供给体系。建设优质节水高产稳产饲草料生产基地，加快苜蓿等草产业发展。大力发展青贮饲料，加快推进秸秆养畜。发展林下种养。深入推进草原畜牧业转型升级。发展大水面生态渔业。建设现代海洋牧场，发展深水网箱、养殖工船等深远海养殖。培育壮大食用菌和藻类产业。

3. 农产品加工流通业。实施农产品加工业提升行动，支持家庭农场、农民合作社和中小微企业等发展农产品产地初加工，引导大型农业企业发展农产品精深加工。在粮食和重要农产品主产区统筹布局建设农产品加工产业园。完善农产品流通骨干网络，改造提升产地、集散地、销地批发市场，布局建设一批城郊大仓基地。支持建设产地冷链集配中心。

4. 现代乡村服务业。全面推进县域商业体系建设。加快完善县乡村电子商务和快递物流配送体系，建设县域集采集配中心，推动农村客货邮融合发展，大力发展共同配送、即时零售等新模式，推动冷链物流服务网络向乡村下沉。发展乡村餐饮购物、文化体育、旅游休闲、养老托幼、信息中介等生活服务。

5. 乡村富民产业。实施文化产业赋能乡村振兴计划。实施乡村休闲旅游精品工程，推动乡村民宿提质升级。深入实施"数商兴农"和"互联网+"农产品出村进城工程，鼓励发展农产品电商直采、定制生产等模式，建设农副产品直播电商基地。培育发展预制菜产业。

● 现阶段乡村产业振兴的重点工作有哪些？

1. 耕地保护和高标准农田建设。严格控制耕地转为其他农用地，加强动态监测。加大撂荒耕地利用力度。加快高标准农田建设，重点补上土壤改良等短板，健全长效管护机制。加强黑土地保护和坡耕地综合治理。推进重大水利工程建设，加快构建国家水网骨干网络。加快大中型灌区建设和现代化改造。加强田间地头渠系与灌区骨干工程连接等农田水利设施建设。

2. 农业科技装备支撑和绿色发展。一是实施种业振兴行动。实施生物育种重大项目，扎实推进国家育种联合攻关和畜禽遗传改良计划，加快培育高产高油大豆、短生育期油菜、耐盐碱作物等新品种。加快玉米大豆生物育种产业化步伐，有序扩大试点范围。二是加快先进农机研发推广。加紧研发大型智能农机装备、丘陵山区适用小型机械和园艺机械。三是推进农业绿色发展。加快农业投入品减量增效技术推广应用，推进水肥一体化，建立健全秸秆、农膜、农药包装废弃物、畜禽粪污等农业废弃物收集利用处理体系。

3. 促进产业经营提质增效。开展新型农业经营主体提升行动，支持家庭农场组建农民合作社、合作社根据发展需要办企业，带动小农户合作经营、共同增收。实施农业社会化服务促进行动，大力发展代耕代种、代管代收、全程托管等社会化服务，鼓励区域性综合服务平台建设，促进农业节本增效、提质增效、营销增效。引导土地经营权有序流转，发展农业适度规模经营。完善社会资本投资农业农村指引，加强资本下乡引入、使用、退出的全过程监管。

4. 深化农村三项制度改革。扎实搞好土地确权，稳步推进赋权，有序实现活权，让农民更多分享改革红利。稳慎推进农村宅基地制度改革试点，探索宅基地"三权分置"有效实现形式。巩固提升农村集体产权制度改革成果，探索资源发包、物业出租、居间服务、资产参股等多样化途径发展新型农村集体经济。继续深化集体林权制度改革。深入推进农村综合改革试点示范。

5. 健全乡村振兴多元投入机制。把农业农村作为一般公共预算优先保障领域，压实地方政府投入责任。稳步提高土地出让收益用于农业农村比例。将符合条件的乡村振兴项目纳入地方政府债券支持范围。支持以市场化方式设立乡村振兴基金。健全政府投资与金融、社会投入联动机制，鼓励将符合条件的项目打捆打包按规定由市场主体实施，撬动金融和社会资本按市场化原则更多投向农业农村。推动金融机构增加乡村振兴相关领域贷款投放，重点保障粮食安全信贷资金需求。引导信贷担保业务向农业农村领域倾斜，发挥全国农业信贷担保体系作用。加强农业信用信息共享。发挥多层次资本市场支农作用，优化"保险+期货"。

6. 加强乡村人才队伍建设。实施乡村振兴人才支持计划，支持培养本土急需紧缺人才。实施高素质农民培育计划，开展农村创业带头人培育行动，提高培训实效。大力发展面向乡村振兴的职业教育，深化产教融合和校企合作。引导城市专业技术人员入乡兼职兼薪和离岗创业。允许符合一定条件的返乡、回乡、下乡就业创业人员在原籍地或就业创业地落户。

● 振兴乡村产业应遵循哪些原则？

1. 因地制宜、突出特色。依托土地资源、绿水青山、田园风光和乡土文化等，发展优势明显、特色鲜明的乡村产业，更好彰显地域特色、承载乡村价值、体现乡土气息。

2. 市场引领、政府引导。充分发挥市场在资源配置中的决定性作用，瞄准市场需求，激活各类市场要素，推动资源要素向乡村汇聚。更好发挥政府政策配套和公共服务作用，引导形成以农户为基础、各类新型农业经营主体共同发展的乡村产业发展格局。

3. 融合发展、联农带农。加快全产业链、全价值链建设，把以农业农村资源为依托的二三产业尽量留在农村，把农业产业链的增值收益、就业岗位尽量留给农民。健全利益联结机制，通过就业带动、保底分红、股份合作等多种形式惠及农民。

4. 绿色引领、创新驱动。践行绿水青山就是金山银山理念，节约资源，保护环境，促进产业与生态协调发展。融合农文旅，建立绿色生态循环产业体系，走人与自然和谐共生之路。推动科技、业态和模式创新，发展数字农业、智慧农业，提高乡村产业质量效益。

● 振兴乡村产业需要处理好哪些关系？

1. 处理好产业规律与政府作用的关系。任何产业都有其自身发展规律，乡村产业发展也是如此。要发挥市场主体作用，尊重产业发展规律，促进产业链延伸、利益链构建、价值链提升，萌生发展新产业新业态。同时，政府要发挥调控引导服务作用，优化规划引导、统筹协调和公共服务职能，破解产业发展体制机制障碍。

2.处理好粮食生产和乡村产业用地的关系。在保护耕地上，牢牢把握粮食生产主线，稳面积、稳产量、稳政策，防止耕地非农化、基本农田非粮化。在盘活存量上，依托农村集体经营性建设用地，完善用地政策，实行负面清单管理。在做好增量上，优先安排建设用地指标用于乡村产业发展用地。在土地整理增减挂钩指标上，盘活乡村建设用地、宅基地、四荒地等沉睡资源用于乡村产业发展。

3.处理好企业与农民的关系。引导工商资本与农户各施所长，协同合作。龙头企业要在生产两端、农业内外、城乡两头着力，重点发展农民办不了、办不好、办了不合算的产业，留利给农民、留就业岗位给农民、留产业链条给农民。农民在集体经济组织引导下，发展发挥在产业链中的作用，分享产业链增值收益。

● **什么是产业政策？产业政策的作用是什么？**

产业政策是政府有关产业的一切政策的总和，是政府针对市场经济运行中可能出现的市场失灵现象而对产业未来变动方向的干预策略，是为弥补市场机制可能造成的方向性错误而采取的补救措施。按照功能，产业政策一般可分为产业发展政策、产业结构调整政策、产业组织政策、产业竞争政策等。

产业政策可以纠正由经济活动的外部性造成的市场失灵，可以减少经济活动中的信息不对称性，可以帮助实现产业领域内公共产品的有效供给。

我国乡村产业政策的主要功能有哪些？

乡村产业政策是促进乡村产业稳定、可持续发展的重要保障，主要具有以下功能和作用：

1. 乡村产业政策是实现资源优化配置的调节器。我国地域广阔，农业自然资源、农村社会资源差异较大，各地经济、社会发展很不平衡。推进农业农村发展首要任务是根据各地实际情况制定相应的产业规划，有的地区和产业适宜优先发展、有的适度发展、有的限制发展，实现这些不同发展重点，都是通过产业政策指导，进行合理配置资源和合理投入资金来实现，把更多的资源投入到乡村经济发展的重点领域和薄弱环节，发挥产业政策配置资源的调节器作用。

2. 乡村产业政策是调动新型农业经营主体和农户积极性的指挥棒。由于农业具有公共产品属性，一些农业生产在市场竞争的条件下难以发展，需要政策支持。通过财政扶持等手段，调整农业资源配置，撬动社会资本投入，引导社会预期；在政策吸引下，新型农业经营主体和农户基于利益驱动，开展一系列产业活动。

3. 乡村产业政策是推动乡村产业快速发展的方向盘。在不同阶段，乡村产业具有不同的发展目标，由此必须采取不同的产业政策。改革开放初期，乡村产业主要目标是要让人民吃得饱、穿得暖，为此国家采取家庭联产承包责任制和农副产品统购统派制度政策，目的是调动农民的生产积极性。进入20世纪90年代后，乡村产业的目标转向让农民"活起来、有事做"，由此采取了鼓励乡镇企业发展、推进农业产业化和减轻农民负担等政策。党的十八大之后，乡村产业重点是要让农民有幸福感、获得感，要破解城乡二元结构，促进城乡协调发展，由此采取了推动乡村融合发展、带动农民致富等政策。党的十九大提出乡村振兴战略后，乡村产业要实现产业兴旺，要高质量发展，由此采取了促进农业农村现代化的系列政策。党的二十大提出建设农业强国后，乡村产业发展要围绕农业强国建设目标推进，由此采取了做大做强农产品加工流通业、加快发展现代乡村服务业、培育乡村新产业新业态、培育壮大县域富民产业等方面政策。

◉ 近年关于乡村产业振兴的政策文件有哪些？

从法律层面，2021年4月29日，第十三届全国人民代表大会常务委员会第二十八次会议审议通过了《中华人民共和国乡村振兴促进法》，将乡村振兴的任务、目标、要求、原则、政策措施等上升为法律。其中，第二章专门就促进乡村产业振兴的政策措施做了规范，第八章就扶持措施做了规范（见本书附件部分）。

从国家层面，2019年6月，国务院印发《关于促进乡村产业振兴的指导意见》，首次系统阐述了推动乡村产业振兴的指导思想、基本原则、目标任务、工作重点、政策措施，成为推动乡村产业发展的系统性指导文件。2021年11月，国务院印发《"十四五"推进农业农村现代化规划》，要求坚持农业农村优先发展，全面推进乡村振兴，加快农业农村现代化。其中就构建现代乡村产业体系、提升产业链供应链现代化水平做出了规划，并提出了政策保障措施。此外，历年中央一号文件都就"三农"问题提出年度目标任务，并提出支持政策措施。

从部委层面，农业农村部2020年7月印发《全国乡村产业发展规划（2020—2025年）》，提出了至2025年的乡村产业发展目标和任务,以及重点支持的产业方向。2021年11月,农业农村部印发《关于拓展农业多种功能 促进乡村产业高质量发展的指导意见》,就拓展农业多种功能、促进乡村产业高质量发展提出指导意见。

上述国家层面和部委层面的政策文件,既是对中央关于乡村产业发展的决策部署进行细化和落实,也构成了支持乡村产业发展的政策体系。尤其是2021年中央一号文件将构建现代乡村产业体系作为重要内容,《"十四五"推进农业农村现代化规划》将优化现代乡村产业体系作为推进农业农村现代化的重要战略安排,形成了现代乡村产业体系的核心政策。

◉ 支持乡村产业振兴的财政政策有哪些?

财政支持是乡村产业发展的重要导向性政策。产业振兴是乡村振兴战略的首要任务,乡村产业也成为国家强农惠农政策支持的重要对象。党的十九大以来,随着相关政策的不断完善,我国已从拓展资金来源、完善支持方式两方面完善了乡村产业财政支持政策。

一是拓展资金来源。充分发挥财政资金的引导作用,加强一般公共预算投入保障,提高土地出让收入用于农业农村的比例,支持乡村产业振兴。新增耕地指标和城乡建设用地增减挂钩节余指标跨省域调剂收益,全部用于巩固脱贫攻坚成果和支持乡村振兴。同时,鼓励有条件的地方按市场化方式设立乡村产业发展基金,重点用于乡村产业技术创新。

二是完善支持方式。农业农村部会同财政部设立乡村产业项目资金,采取"以奖代补、先建后补"等方式,支持现代农业产业园、农业产业强镇、优势特色产业集群及农产品仓储保鲜冷链设施建设。

每年投入近200亿元。中央财政还把部分专项资金纳入产业融合发展专项，支持现代农业产业园区、产业强镇、产业集群等融合发展载体。支持在全国范围内推进农产品产地冷藏保鲜设施建设，并择优选择100个县开展农产品产地冷藏保鲜整县推进试点。农业农村部印发的《关于拓展农业多功能 促进乡村产业高质量发展的指导意见》提出，支持将烘干机配套设施、果菜茶初加工成套设备、蜜蜂养殖及蜂产品初加工成套设施装备等纳入农机新产品购置补贴试点范围。并鼓励各地通过购买服务、定点采购等方式，支持乡村民宿、农家乐特色村（点）发展。

● **支持乡村产业振兴的税收政策有哪些？**

目前，支持乡村产业的税收政策主要有三方面：

一是对农业生产领域部分领域实施免税政策。根据规定，对农业生产者销售的自产农产品免征增值税、饲料行业免征增值税、农产品增值税进项税额核定扣除、农林牧渔业项目减免企业所得税、农业服务免征增值税、蔬菜流通环节免征增值税、部分鲜活肉蛋产品流通环节免征增值税。

二是对农产品初加工实施所得税减免。鼓励有条件的地方按规定对吸纳贫困家庭劳动力、农村残疾人就业的农业企业落实税收优惠政策。

三是对农民专业合作社的生产实施免税政策。对农民专业合作社销售本社成员生产的农业产品，视同农业生产者销售自产农业产品免征增值税；对农民专业合作社向本社成员销售的农膜、种子、种苗、化肥、农药、农机，免征增值税；对农民专业合作社与本社成员签订的农业产品和农业生产资料购销合同，免征印花税。

● 促进乡村产业振兴的金融政策有哪些？

金融服务是乡村产业发展的重要支撑。一方面，基于产品的季节性特点，乡村产业发展离不开信贷资金支持。龙头企业、家庭农场和农民专业合作社需要通过流动资金贷款提供流动性补充，农户需要通过个人经营性贷款提供生产和创业资金来源。乡村产品销售的资金结算需要金融机构提供渠道，实现"产—供—销"周期的有效衔接。另一方面，基于农业生产受自然灾害影响的特点，乡村产业振兴也需要完善的保险服务。

历年中央一号文件都对强化金融服务乡村产业提出了要求和部署，目前已初步形成了支持乡村产业发展的金融政策体系。

一是强化金融服务政策。引导县域金融机构将吸收的存款主要用于当地，重点支持乡村产业。推动差异化制度安排和绩效考核机制，增强金融机构支持乡村产业的积极性。鼓励金融机构开展产品创新和服务创新，为乡村产业发展提供更全面的金融支持。支持国家开发银行、中国农业发展银行等开发性金融机构创新服务模式，加大对乡村企业的支持。发展小额贷款公司、村镇银行，强化对家庭农场、农民专业合作社的支持。

二是完善信用担保政策。发挥全国农业信贷担保体系作用，鼓励地方通过实施担保费用补助、业务奖补等方式支持乡村产业贷款担保，利用政府控股的融资担保、再担保机构，为"三农"主体融资增信，缓解融资难、融资贵问题。国家融资担保基金与地方各级政府型融资担保、再担保机构实行各种融资担保、再担保优惠政策，提高支农业务占比。采取创业担保贷款贴息政策，拓宽担保物范围，强化担保融资增信功能。

三是鼓励地方发行项目融资和收益自平衡的专项债券用于乡村产业。鼓励地方设立乡村就业创业引导基金，加强创新创业孵化平台建设，支持创建一批返乡创业园，支持发展小微企业。支持符合条件的农业企业上市融资。

四是提高农业保险服务能力。稳步扩大大宗农产品保险覆盖面，创新养殖保险模式和财政支持方式，鼓励各地开展优势特色农产品保险，扩大农业大灾保险试点。

五是引导社会资本下乡。支持鼓励社会资本发展现代种养业、种业、乡土特色产业、农产品加工流通业、乡村新型服务业、生态循环农业、数字乡村等。

● 涉及乡村产业振兴的人才扶持政策有哪些？

人才是乡村产业发展的关键。党的十九大以来，我国农业支持政策高度重视乡村人才建设，出台了三方面扶持政策。

一是返乡入乡创业支持政策。人力资源和社会保障部、财政部和农业农村部2019年出台《关于进一步推动返乡入乡创业工作的意见》，明确对符合条件的返乡入乡创业人员，要落实税费减免、场地安排政策，给予一次性创业补贴；对符合条件的返乡入乡创业企业，按规定给予社会保险补贴；加大创业担保贷款贴息支持力度；对参加创业培训的，按规定落实培训补贴。

二是农民技能培训政策。包括：加大农民技能培训力度，支持职业学校扩大农村招生。深化农业系列职称制度改革，开展面向农技推广人员的评审。推行"创业+技能""创业+产业"的培训模式，开展互动教学、案例教学和现场观摩教学。

三是农业科技人员支持政策。支持科技人员以科技成果入股农业企业，建立健全科研人员校企、院企共建双聘机制，实行股权分红等激励措施。

◉ **涉及乡村产业振兴的用地政策是如何规定的？**

用地难是乡村产业发展中面临的瓶颈之一，强化用地保障是乡村产业发展的重要一环。目前涉及乡村产业的用地政策的内容主要包括：在坚守耕地和永久基本农田保护红线的前提下，在安排土地利用年度计划时，加大对乡村产业发展用地的倾斜支持力度。将农业种植养殖配建的保鲜冷藏、晾晒存贮、农机库房、分拣包装、废弃物处理、管理看护房等辅助设施用地纳入农用地管理，农业设施用地可以使用耕地。新建县乡级国土空间规划应安排不少于10%的建设用地指标，重点保障乡村产业发展用地。省级制定土地利用年度计划时，应安排至少5%新增建设用地指标保障乡村重点产业和项目用地。农村集体建设用地可以通过入股、租用等方式直接用于发展乡村产业。

◉ **涉及乡村产业振兴的科技支撑政策有哪些内容？**

科技创新是乡村产业高质量发展的根本动力。近年来，我国涉及乡村产业振兴的科技支撑政策主要有：

一是支持技术创新政策。以农产品加工关键环节和瓶颈制约为重点，建设农产品加工与贮藏国家重点实验室、保鲜物流技术研究中心及优势农产品品质评价研究中心。组织科研院所、大专院校与企业联合开展技术攻关，研发一批集自动测量、精准控制、智能操作于一体的绿色储藏、动态保鲜、快速预冷、节能干燥等新型实用技术，以及实现品质调控、营养均衡、清洁生产等功能的先进加工技术。

二是完善技术创新机制。引导大专院校、科研院所与乡村企业合作，开展联合技术攻关，研发一批具有先进性、专属性的技术和工艺，创制一批适用性广、经济性好的设施装备。支持科技人员以科技成果入股乡村企业，建立健全科研人员校企、院企共建双聘机制。县（市）成立乡村产业专家顾问团，为乡村产业发展提供智力支持。

● 涉及乡村创新创业发展的支持政策有哪些？

一是建立专家创业导师队伍，重点从大专院校、科研院所等单位遴选一批理论造诣深厚、实践经验丰富的科研人才、政策专家、会计师、设计师、律师等，为农村创业人员提供创业项目、技术要点等指导服务。

二是建立企业家创业导师队伍，重点从农业产业化龙头企业、新型农业经营主体中遴选一批有经营理念、市场眼光的乡村企业家，为农村创业人员提供政策运用、市场拓展等指导服务。

三是建立带头人创业导师队伍，重点从农村创新创业带头人中遴选一批经历丰富、成效显著的创业成功人士，为农村创业人员提供经验分享等指导服务。

四是健全指导服务机制。建立指导服务平台，依托农村创新创业园区、孵化实训基地和网络平台等，通过集中授课、案例教学、现场指导等方式，创立"平台＋导师＋学员"服务模式。开展点对点指导服务，根据农村创业导师和农村创业人员实际，开展"一带一""师带徒""一带多"等精准服务。

五是创新指导服务方式，通过网络、视频等载体，为农村创业人员提供政策咨询、技术指导、市场营销、品牌培育等服务。

● 振兴乡村产业应遵循哪些法律规范？

《乡村振兴促进法》第十九条第二款对乡村产业发展提出了约束性的要求，即发展乡村产业应当符合国土空间规划和产业政策、环境保护政策。

一是乡村产业发展要符合国土空间规划。国土空间规划是对一定区域的国土空间开发保护在空间和时间上的安排，统筹安排生产、生活、生态等功能空间，优化结构和布局，提升开发质量和效率。国土空间规划包括总体规划、详细规划和相关专项规划。依法批准的国土空间规划，是各类开发、建设、保护活动的根本依据。乡村产业发展必须符合国土空间规划，在特定规划区域发展相应的产业。

二是乡村产业发展要符合产业政策。产业政策是国家制定的、引导产业发展方向、产业结构调整优化、促进国民经济健康发展的政策。产业政策主要通过制定国民经济和社会发展规划、产业结构调整计划、产业扶持计划和政策、财政投融资政策、货币政策、项目审批等来实现。国家可以根据经济社会发展需要，制定重点发展、限制发展、停止发展等产业政策。乡村产业必须遵守国家产业政策，不得发展国家禁止发展的产业，或者超出范围发展国家限制发展的产业。

三是乡村产业发展要符合环境保护要求。要遵守环保法律法规，不得违法排放污染物。注重发展循环经济和绿色产业，注重节能减排。

● 社会资本参与乡村产业振兴的规定有哪些？

社会资本在乡村产业振兴中发挥着提供内在动力的重要作用。在推进乡村产业发展过程中，家庭农场、农民合作社、龙头企业一个都不能少，其中从事农村电商、科技服务等类的龙头企业发挥着关键作用。电商发展实现了农产品线上线下融合，是一种先进的生产经营方式；科技服务通过发挥科技优势、人才优势、信息优势和提供咨询服务等发挥助推作用，逐渐成为乡村产业振兴的重要推动力量。但是，社会资本参与乡村产业也必须防范以下问题：一是不能富了企业，穷了村民；二是不能让村民失去本村发展的话语权，乡村振兴的主体必须是农民。

总之，乡村产业振兴需要引入社会资本参与，但也要规范发展。《国务院关于促进乡村产业振兴的指导意见》明确提出，有序引导工商资本下乡。引导工商资本到乡村投资兴办农民参与度高、受益面广的乡村产业，支持发展适合规模化集约化经营的种养业。近年来，农业农村部、国家乡村振兴局相继发布《社会资本投资农业农村指引》2020年版、2021年版和2022年版。该《指引》提出社会资本投资农业农村要遵循尊重农民主体地位、遵循市场规律、坚持开拓创新三项原则，提出了鼓励社会资本投资的13个重点产业和领域，并根据农业农村实际发展情况提出了全产业链开发模式、区域整体开发模式、政府和社会资本合作模式、设立乡村振兴投资基金、建立紧密合作的利益共赢机制等五种发展模式，为社会资本投入乡村发展和建设提供了指南。

第三编 产业布局优化

● 如何定义产业布局？什么是产业布局优化？

产业布局可以从静态和动态两方面定义。从静态讲，产业布局是指在一国或一定区域范围内，构成经济的所有产业或相关联的多个产业或单一产业的空间分布和组合结构。从动态讲，产业布局是指一国或地区对本国或地区的产业进行空间范围的部署以及结构组合的过程。

产业布局是否合理，往往将影响一国或地区经济或相关产业的竞争力以及发展速度。由此，合理的产业布局具有重要的意义。但是，现实中产业布局和发展总是动态变化中的，产业发展所需的人、财、物、技术等要素，所处的市场、政策环境等也不断处于博弈之中，产业布局往往难以达到最佳状态。在此情况下，为安排合适的分布区位而进行产业转移、要素流动、配置，从而重新组合构成产业的各种资源和生产要素、力争达到最优组合状态的过程，就是产业布局优化。从本质上讲，产业布局优化的过程也就是建立合理的地区分工关系的过程。

通常来看，产业布局或产业布局优化的目标是因地制宜、扬长避短、突出重点、兼顾一般、远近结合、综合发展。

● 产业布局相关理论有哪些？主要内容是什么？

产业布局理论是指研究影响产业布局的因素、产业布局与经济发展的关系、产业布局的基本原则、产业布局的基本原理、产业布局的一般规律的理论体系，最初形成于19世纪初到20世纪中叶，历经两个世纪的发展，主要的理论体系不断演变。其中，比较著名的理论有以下几个：

1. 约翰·海因里希·冯·杜能（Johann Heinrich von Thünen）的农业区位理论。1826年，德国经济学家杜能根据当时德国农业和市场的关系，以及因地价不同而引起农业不同产业分布的现象，撰写了《孤立国同农业和国民经济的关系》，提出了著名的孤立国同农业圈层理论。根据这一理论，在农业产业布局上，并不是哪个地方适合种什么就种什么，起决定作用的是级差地租。中心城市周围农业呈圈层由内向外依次排列，第一圈主要生产蔬菜、水果等；第二圈主要发展林业生产，向城市出售燃料和木材；第三、四、五圈主要生产谷物；第六圈主要经营畜牧业。虽然杜能的理论模式忽视了农业生产的自然条件，假设前提较多，但对合理配置城市外围农业地区土地资源和产业发展具有借鉴意义，为研究农业产业布局提供了理论指导。

2. 阿尔弗雷德·韦伯（Alfred Weber）的产业区位理论。核心是以生产成本最低为准则来确定产业的最优区位。这一理论认为，运输费用对工业布局起决定作用，工业的最优区位通常应选择运费最低点上。韦伯还考虑了劳动力成本和规模效益因素对产业布局区位的影响，认为劳动力成本在生产成本中占较大比重的产业，运费最低点不一定是生产成本最低点。当存在一个劳动力成本最低点时，它同样会对产业布局区位产生影响；企业规模扩大和工厂在一地集中所带来的规模经济效益，也将影响产业布局的区位。

3. 市场学派理论。这一理论认为，成本最低并不是全意味着利润最大化，市场因素对产品价格影响越来越重要，因此产业布局必须充分考虑市场因素。要尽量将企业布局在利润最大区位。在这一理论基础上，结合韦伯的产业区位理论，又衍生出成本—市场学派理论，认为运输方便的区域经济能够吸引到大量的资本和劳动力，并能成为重要市场，因此可专门生产面向市场、规模经济优势明显和难以运输的产品。而运输不方便的地方则应专门生产易于运输、小规模生产可以获利的产品。

4. 雷蒙德·弗农（Raymond Vernon）的产品生命周期理论。是美国哈佛大学教授弗农1966年首次提出。根据这一理论，处于创新期的产业属于技术密集型产业，一般趋向于科研信息与市场信息集中、人才较多、配套设施齐全、销售渠道畅通的发达城市。处于成熟期的产业会出现波浪扩展效应，开始向周边地区扩散。处于衰退期的产业多为劳动密集型产业，技术完全定型化，产品需求趋于饱和，生产发展潜力不大，于是从发达地区向落后地区转移。

5. 现代区位理论。这一理论认为，产业布局是多种因素综合影响的产物。其中决定区域竞争力与产业布局的先天条件及核心要素为区位因素，后天可以弥补的居于第二位的是区域政策因素。现代区位理论对产业布局的区位选择提出了三个标准：成本最低、市场份额最大和聚集效益。现代产业布局既是一个市场均衡问题，又是一个区域均衡问题，实质上是成本均衡问题。现实中具体区位的选择是将上述三个方面标准与区域总体发展的要求结合，综合考虑区域发展的经济、社会和生态目标，作出产业布局的最终选择。

6. 产业集群理论。产业集群是区域产业组织的一种形式，表现为在一定区域内存在众多同类企业，这些企业专业化分工程度高，有严格而精细的分工，以带来短途运费下降，采购、生产与销售成本降低，提高集群企业竞争力。美国学者迈克尔·波特（Michael E. Porter）通过对10个国家的考察发现，产业集群是工业化过程中的普遍现象，凡有竞争力的产业、产品都是以产业集群的方式存在。产业集群具有微观与中观结合的高效率与高效益，是产业布局实现的载体与目标，已成为各国各地区提高竞争力的有效方式。

● **我国乡村产业布局有什么阶段性成果？存在什么主要问题？**

随着乡村振兴战略的推进，我国乡村产业呈现快速发展的态势，产业布局不断优化。以农产品加工业为例，通过引导企业向县域下沉，约三分之二的农产品加工龙头企业把总部设在了县域，建设原料供应基地、加工生产基地、物流配送基地，统筹发展初加工、精深加工和副产物综合利用，带动农户多环节参与产业发展。再如，在产业融合发展布局方面，党的十八大以来的十年，我国乡村地区累计创建 140 个优势特色产业集群、250 个国家现代农业产业园、1300 多个农业产业强镇、3600 多个"一村一品"示范村镇，打造了一批乡土特色鲜明、主导产业突出、质量效益较高的乡村产业发展高地。全国建设 2200 多个农村创新创业园区和孵化实训基地，累计有 1120 万人返乡回乡创新创业。

但是，基于资源、历史、文化等因素，乡村产业布局还不够平衡和合理：一是各地区发展不平衡。一方面，从全国分区域看，东部地区强于中西部地区，农业产业化水平高的地区优于以小农户为主的地区；全国范围看，山东、安徽、湖南、河南、四川、江西、江苏、河北、湖北、广东十省份产业化龙头企业较多。另一方面，从区域内分布看，城市周边强于边远地区。在每个县市，各乡村发展也不平衡。二是在各产业之间发展不平衡。经济作物产业发展快于传统粮食产业，农业产业化水平较高的产业优于以农户生产为主的产业；农产品加工业、种植业、养殖业、农业生产资料制造及销售业龙头企业分布较多，养殖业、乡村旅游产业、农村电子商务近年发展较快，农业种苗、农技推广服务以及农产品深加工产业需要进一步发展。三是产业链各环节发展不平衡。在大部分地区，"农村卖原料、城市搞加工"产业链空间布局还没有从根本上改变。大部分乡村产业链条较短、附加值低，农业多功能挖掘不足；农产品品牌、品质不够高，一二三产业融合发展还处于较低层次。

◉ 我国乡村产业区域间布局优化的方向如何？

根据《"十四五"推进农业农村现代化规划》，我国以农业为主的乡村产业生产区域优化生产布局的方向主要是：

一是加强粮食生产功能区建设。以东北平原、长江流域、东南沿海地区为重点，建设水稻生产功能区。以黄淮海地区、长江中下游、西北及西南地区为重点，建设小麦生产功能区。以东北平原、黄淮海地区以及汾河和渭河流域为重点，建设玉米生产功能区。以产粮大县集中、基础条件良好的区域为重点，打造生产基础稳固、产业链条完善、集聚集群融合、绿色优质高效的国家粮食安全产业带。

二是加强重要农产品生产保护区建设。以东北地区为重点、黄淮海地区为补充，提升大豆生产保护区综合生产能力。以新疆为重点、长江和黄河流域的沿海沿江环湖地区为补充，建设棉花生产保护区。以长江流域为重点，扩大油菜生产保护区种植面积。积极发展黄淮海地区花生生产，稳定提升长江中下游地区油茶生产，推进西北地区油葵、芝麻、胡麻等油料作物发展。巩固提升广西、云南糖料蔗生产保护区产能。加强海南、云南、广东天然橡胶生产保护区胶园建设。

三是加强特色农产品优势区建设。发掘特色资源优势，建设特色农产品优势区，完善特色农产品优势区体系。强化科技支撑、质量控制、品牌建设和产品营销，建设一批特色农产品标准化生产、加工和仓储物流基地，培育一批特色粮经作物、园艺产品、畜产品、水产品、林特产品产业带。

四是加快服务国家重大战略区域产业建设。推进西部地区农牧业全产业链价值链转型升级，大力发展高效旱作农业、节水型设施农业、戈壁农业、寒旱农业。加快发展西南地区丘陵山地特色农业，积极发展高原绿色生态农业。推进东北地区加快发展现代化大农业，建设稳固的国家粮食战略基地。巩固提升中部地区重要粮食生产基地地位，加强农业资源节约集约利用。发挥东部地区创新要素集聚优势，大力发展高效农业，率先基本实现农业现代化。统筹利用海岸带和近海、深海海域，发展现代海洋渔业。

五是推进重点区域农业发展。深入推进京津冀现代农业协同发展，支持雄安新区建设绿色生态农业。深化粤港澳大湾区农业合作，建设与国际一流湾区和世界级城市群相配套的绿色农产品生产供应基地。推进长江三角洲区域农业一体化发展，先行开展农产品冷链物流、环境联防联治等统一标准试点，发展特色乡村经济。发挥海南自由贸易港优势，扩大农业对外开放，建设全球热带农业中心和动植物种质资源引进中转基地。全域推进成渝地区双城经济圈城乡统筹发展，建设现代高效特色农业带。

● 我国乡村产业链布局优化的方向如何？

根据《全国乡村产业发展规划（2020—2025年）》，一是要推进农产品加工向产地下沉，向优势区域聚集，在粮食生产功能区、重要农产品保护区、特色农产品优势区和水产品主产区，建设加工专用原料基地，布局加工产能，改变加工在城市、原料在乡村的状况。向中心镇（乡）和物流节点聚集，在农业产业强镇、商贸集镇和物流节点布局劳动密集型加工业，促进农产品就地增值，带动农民就近就业，促进产镇融合。向重点专业村聚集，依托工贸村、"一村一品"示范村发展小众类的农产品初加工，促进产村融合。二是推进农产品加工与销区对接。丰富加工产品，在产区和大中城市郊区布局中央厨房、主食加工、休闲食品、方便食品、净菜加工和餐饮外卖等加工，满足城市多样化、便捷化需求。培育加工业态，发展"中央厨房+冷链配送+物流终端""中央厨房+快餐门店""健康数据+营养配餐+私人订制"等新型加工业态。三是推进农产品加工向园区集中。推进政策集成、要素集聚、企业集中、功能集合，发展"外地经济"模式，建设一批产加销贯通、贸工农一体、一二三产业融合发展的农产品加工园区，培育乡村产业"增长极"。提升农产品加工园，强化科技研发、融资担保、检验检测等服务，完善仓储物流、供能供热、废污处理等设施，促进农产品加工企业聚集发展。四是支持大中城市疏解产业向县域延伸，引导产业有序梯度转移。大力发展县域范围内比较优势明显、带动农业农村能力强、就业容量大的产业，推动形成"一县一业"发展格局。加强县域基层创新，强化产业链与创新链融合。加快完善县城产业服务功能，促进产业向园区集中、龙头企业做强做大。引导具备条件的中心镇发展专业化中小微企业集聚区,推动重点村发展乡村作坊、家庭工场。

● 乡村产业布局优化应处理好哪些关系?

1. 产业布局与产业发展的关系。避免可能出现的过度重复建设、建设项目烂尾、建成后亏损等局面,要在布局之初就着眼产业长期发展。对重点项目布局,应履行必要的程序,分清责权利关系,建立监督考核机制;项目要符合国家产业政策。

2. 乡村产业与其他产业的关系。乡村产业尤其是三产融合项目,必须与其他产业的发展结合在一起考虑。作为产业链上的不同环节,应着眼终端市场,充分考虑城乡结合、一二三产业融合,加强统筹和协调,综合进行产业布局。

3. 产业布局与设施布局的关系。农业是乡村产业乃至国民经济的基础,同时农业的发展又比较脆弱。应着眼降低产业风险,超前布置基础设施建设,同时不能忽视统筹规划、合理布局。

4. 集中布局与分散布点的关系。以发展生产力和提高经济效益为目标,充分考虑规模经营要求;同时,充分考虑我国农业双层经营体制,着眼农民收入增长,在产业布局中同步建立小农户生产与现代农业有机衔接的机制。

● 什么是产业集群?

产业集群,是指在地理上相对集中的区域,以协同定位方式赢得竞争优势的产业群体。产业集群通常体现为横向一大批从事相同或相近产业的企业,或纵向上由客户到供应商的垂直专业化分工、并相互联系的企业。产业经济学认为，立足于产业集群的产业发展，需要具备如下条件：企业之间在地缘上临近；产业集群内部形成专业化分工协作关系；区域内具有良好的基础设施和生产经营环境，资源共享；知识和技术快速扩散，形成良好的区域创新环境。

产业集群是形成和提升产业竞争优势的重要方式。迈克尔·波特认为，产业集群不仅降低交易成本、提高效率，而且改进激励方式，创造出信息、专业化制度、声誉等集体财富。更重要的是，集群能够改善创新的条件，加速生产率的成长，也有利于新企业的形成。对于区域经济来说，发展产业集群有利于集聚大量熟练的专业化的劳动力，提高生产率；有利于形成创新氛围，促进新企业新业态的不断衍生。

● 我国乡村产业集群建设的目标是什么？

产业集群理论不仅适用于城市，也适用于乡村。近年来，农业农村部会同财政部大力推动建设乡村产业集群建设，主要目标着眼以下三个方面：一是推动农业高质量发展。通过打造涵盖生产、加工、流通、科技、服务等一体的产业集群，促进产业深度融合，延长产业链、优化供应链、提升价值链，破解产业链条较短、农业效益不高等关键问题，促进农业高质量发展。二是推动乡村产业合理布局。通过培育优势特色产业集群，与现代农业产业园、农业产业强镇等政策一起共同形成推动乡村产业振兴"点、线、面"结合、功能有机衔接的格局，构建现代农业产业体系、生产体系、经营体系，为农业生产主体发展提供新空间、新途径，保持农业农村经济发展旺盛活力，实现农村产业兴旺。三是推动农民持续增收。通过开展优势特色产业集群建设，推动优势特色产业加工流通环节向乡村下沉，带动农产品加工流通等环节增值收益留在乡村，有效扩大农村就业，拓宽农民增收渠道，让农民合理分享二三产业收益，巩固脱贫攻坚成果。

⦿ 申报国家级乡村产业集群有什么条件？

2020年，农业农村部会同财政部启动建设优势特色产业集群。2020年和2021年，每年建设50个优势特色产业集群；2022年和2023年，分别建设40个优势特色产业集群。通过集群建设，激发各地发展优势特色主导产业的积极性，集中力量锻造产业长板，补齐发展短板，延长产业链条，有力提升了主导产业的发展活力和综合竞争力，对重要农产品供给保障和现代乡村产业体系构建形成重要支撑。

申报国家级乡村产业集群的基础条件包括：省（自治区、直辖市）人民政府高度重视和支持的优势产业，以省政府或省政府办公厅文件出台了指导意见或发展规划，符合国家相关产业规划；产业基础较好，种（养）规模大，有较强的加工转化能力，在全国有一定影响力，全产业链总产值达到50亿元以上，并具有较大的发展潜力；已初步形成集中连片发展格局；产业经营主体活跃，有多家省级以上产业化龙头企业带动，较多新型农业经营主体深度参与。

此外，2023年申报国家级乡村产业集群的条件还包括：一是重点围绕保障粮食和重要农产品稳定安全供给。聚焦稻谷、小麦、玉米、大豆、油菜、花生、牛羊、生猪、淡水养殖、天然橡胶、棉花、食糖、乳制品、种业、设施农业等关系国计民生的重要农产品，适当兼顾其他优势特色农产品。二是夯实农业产业发展基础。项目申报区域应已完成高标准农田建设任务，同时结合粮食生产功能区、重要农产品生产保护区、特色农产品优势区等规划以及本省份农产品发展规划布局，把握产业梯度转移的机遇，提高项目布局的前瞻性、科学性和耦合性。三是强化农业科技和装备支撑。发挥平台集聚效应，加快以种业为重点的农业科技创新，大力发展智慧农业，加快以种业为重点的农业科技创新，大力发展智慧农业，配套组装和推广应用现有先进技术和装备，探索科技成果熟化应用有效机制。四是统筹推进乡村产业高质量发展和农民增收。注重延长产业链条，大力发展农产品加工、仓储冷链物流、市场品牌销售等，遵循产业发展规律，细化实化完善联农带农利益联结机制的具体举措，统筹产业增效、就近就业和农民增收，把全产业链增值收益更多留在农村、留给农民。

⦿ 国家级乡村产业集群享受什么支持政策？

中央财政对批准建设的优势特色产业集群进行适当补助，原则上每个奖补资金总额 2 亿元，按照 1 亿元、0.5 亿元、0.5 亿元分三年安排。奖补资金主要用于支持规模生产基地标准化生产水平提升，农产品加工和物流设施设备、农业全产业链数字化等建设，市场品牌体系和公共服务平台建设，以及经营主体和服务主体培育壮大等方面。

支持的项目区域要合理确定在集群中的功能定位，促进各功能区合理布局、有效衔接，防止"小而全"或"各自为战"。要围绕产业集群要求，聚焦重点区域，突出关键环节，切实提高资金使用效益。资金使用要按照农业生产发展资金管理办法相关规定执行,鼓励创新资金使用方式,采取先建后补、以奖代补、贷款贴息、政府购买服务等方式对相关主体给予支持,不得将补助资金简单直接投入经营主体。

● 现代农业产业园的建设方向是什么?支持政策如何?

建设现代农业产业园是推进农业供给侧结构性改革的重要抓手和乡村产业振兴的平台载体。2017年以来,中央一号文件连续对现代农业产业园建设作出部署。农业农村部和财政部贯彻落实中央要求,每年都推出和实施现代农业产业园建设方案。以2022年现代农业产业园建设方案为例,在发展目标上,一是着眼乡村产业链发展,二是着眼产业要素集聚。在发展层次上,提出构建国家、省、市、县产业园建设体系,形成以产业园带动产业发展的格局。在支持规模上,2022年安排创建50个国际级现代农业产业园。在主导产业上,围绕保障国家粮食安全和重要农产品有效供给,支持稻谷、小麦、玉米、大豆、油菜、花生、牛羊、生猪、天然橡胶、棉花、食糖、乳制品、种业、设施蔬菜等关系国计民生的重要农产品,适当兼顾对农民增收有突出作用的优势特色农产品。在重点品种上,倾斜支持大豆和油菜生产。在种植规模大、扩种基础好的县区,创建大豆和油菜产业园。在建设任务上,重点推进全产业链建设,强化科技支撑,推进绿色发展,建立健全联农带农机制,促进产村融合发展。

为支持现代农业产业园发展,农业农村部和财政部推出了针对性支持政策。一是提供奖补资金支持。中央财政通过以奖代补方式,分1亿元和7000万元两个档次,对批准创建的国际级现代农业产业园给予资金支持。奖补资金主要支持规模种养、产业链供应链完善提升、科技创新平台建设、智慧农业建设、农产品认证与品牌培育、联农带农增收等方面。二是加大金融支持力度。推动国家开发银行、中国农业发展银行、中国农业银行等设立"园区贷",发展农业设施和土地经营权抵押融资、肉牛奶牛等动产抵押融资和农产品质押融资。三是拓展园区用地渠道。鼓励产业园创新灵活多样的供地方式,增加产业园建设用地。四是创新人才入园机制。鼓励产业园制定扶持政策措施,引进产业技术体系首席专家、行业学术带头人等领军人才。建设产业研究院、产业联盟等平台,筑巢引凤,聚才入园。

● 申报国家级现代农业产业园需要满足什么条件?

申报国家级现代农业产业园,需要满足条件重点是围绕保障粮食和重要农产品稳定安全供给、夯实农业产业发展基础、强化农业科技和装备支撑、统筹推进乡村产业高质量发展和农民增收四个条件(具体内容与产业集群申报条件相同)外,在建设区域上,产业园应布局在县域内,区域范围涉及2个以上乡镇,不得整县或跨县创建。

● 农业产业强镇建设的目的是什么?支持政策有哪些?

乡镇是上联城市、下接乡村的纽带,是聚焦农业主导产业、撬动乡村产业振兴的重要支点。建设农业产业强镇,是农业农村部和财政部自2018年开始推出的政策,目的是支持农业县(区、市)的镇(乡)发展主导产业,形成标准原料基地、集约加工转化、紧密利益联结于一体的农业产业强镇,发展壮大镇域经济。

2018—2022年,中央财政安排资金支持了1309个镇(乡)建设农业产业强镇。采取批准建设时补助每个镇(乡)300万元、通过认定再奖补700万元的方式,调动地方主动作为、加大投入的积极性,提升建设效果。支持政策重点侧重两个方面:在主导产业上,支持建设乡镇立足资源禀赋和产业基础,聚焦一个优势明显的农业主导产业(如水稻、玉米、生猪、肉牛等);在建设任务上,支持主导产业关键领域、薄弱环节发展,提升种养基地、加工物流等设施装备水平,推进品牌建设,推广科技应用,培育主导产业经营主体,发展社会化服务,提升产业链价值,促进主导产业转型升级、由大变强。

● 全国农业产业强镇的创建和认定条件有哪些?

申报创建全国农业产业强镇应满足以下要求:一是政府高度重视。县镇两级人民政府积极主动布局农业产业强镇建设,制定了农业产业发展中长期规划,且思路清晰、目标明确、措施可行、支持力度大。二是主导产业基础良好。主导产业优势明显,产业规模较大。东、中、西部地区镇域农业主导产业总产值分别达到2亿元、1.5亿元、1亿元以上(国家级贫困县,新疆维吾尔自治区、西藏自治区及新疆生产建设兵团可放宽为0.3亿元以上)。申报时,要将培育的主导产业落实到具体品种类别,不得笼统地将粮食、水果、畜禽、水产等综合性行业作为主导产业,不得将休闲农业作为主导产业。三是融合发展初见成效。围绕主导产业初步形成农村一二三产业融合发展的格局,主体多元、业态多样、类型丰富。东、中、西部农产品加工业产值与农业产值比分别达到2∶1、1.8∶1、1.6∶1以上（对国家级贫困县，新疆维吾尔自治区、西藏自治区及新疆生产建设兵团不作要求）。四是产业布局科学合理。主导产业与当地发展基础、资源条件、生态环境、经济区位等相匹配，发展功能定位准确，镇域公共基础设施完备，服务设施配套，产业发展与村庄建设、生态宜居同步推进。五是联农带农机制初步建立。积极创新联农带农激励机制，推动村集体和家庭农场、农民合作社、农业产业化龙头企业等新型经营主体与农户建立紧密利益联结机制，分享二三产业增值收益。

在批准申报创建2年后，省级绩效考核得分达到90分及以上的，可提出认定申请。认定条件包括：一是主导产业地位突出。项目建设镇（乡）以优化品种强基地，以前延后展建链条，培育体系完整、紧密关联、高度依存的产业链，实现整镇（乡）推进。原料基地水平提高，通过规模化、标准化、专业化改造，建成一批优质高效、集中连片的原料生产基地，优质绿色产品供给能力增强。加工物流配套完善，建成加工车间、仓储设施、集配中心、产地市场等，主导产业实现"生产+加工+营销+体验"一体化发展，产业链条有效延长、产业功能积极拓展。主导产业产值占比提升，东、中、西部地区2019年镇域主导产业产值分别达到6亿元、4亿元、1亿元以上，主导产业全产业链产值占镇域农业产值的50%，成为镇域经济的重要组成部分。二是产业链条深度融合。项目建设镇（乡）打造融合载体，培育新产业新业态新模式，促进产业融合、产城融合和城乡融合。融合业态类型丰富，跨界配置农业与现代产业要素交叉重组，催生加工流通、休闲旅游、电子商务等新产业新业态，形成"农业+"多业态发展态势。联农带农机制完善，通过折股量化、利益分红、提供就业岗位和技术服务等方式，形成龙头企业带动、农民合作社和家庭农场跟进，广大小农户积极参与的农业产业化联合体，让农户分享产业增值收益。农民收入增加明显，主导产业成为带动农民增收、农村就业的主要途径，2019年镇域农民收入较2017年增长20%以上。城乡要素渗透融合，镇（乡）聚集城乡资金、技术、人才、信息等要素，改造提升原料基地、加工园区、休闲观光、电商物流的设施装备，构建连接工农、打通城乡的产业体系。三是产业融合经营主体不断壮大。项目建设镇（乡）通过"扶"，提升家庭农场、合作社及龙头企业等主体经营水平。通过"引"，对接产业主体、采购商和电商平台。通过"留"，发挥主体和在乡能人优势，形成乡村产业队伍梯队。产业融合经营主体发展壮大，聚焦主导产业，培育家庭农场、农民合作社、龙头企业成为推动主导产业发展的重要力量。品牌建设成效显著，主要农产品获得绿色食品、有机食品认证或者农产品地理标志登记，打造1个以上品质优良、特色鲜明的区域公用品牌，培育2个以上质量过硬、信誉可靠的企业品牌，创响一批"乡字号""土字号"产品品牌。绿色模式加快推广，推进节地节能节水，发展种养循环一体化，化肥、农药、兽药及饲料管理安全，绿色循环生产机制基本建立，农产品及加工品抽检合格率达到99%以上。四是推进机制基本形成。项目建设镇（乡）成立了项目领导小组，所在县建立了部门协作工作机制，完善了项目建设、监管、调度等制度。政策措施实化细化，在用地保障、财政扶持、金融服务、人才支撑、农民就地就近就业等方面有相关支持政策。部门之间协调配合，部门加强沟通，分工协作，加大日常调度和工作督导，完善管理考核机制，推动农业产业强镇加快建设，确保工作方向不偏、资金规范使用。财政资金管理规范，按照建设方案使用，规范合理支出，重点用于生产基地改造、加工物流设施改善和公共服务能力强化。撬动投入作用明显，发挥中央财政资金撬动作用，引导社会资本、金融资本等加大投入，支持主导产业发展，中央财政资金与社会资金投入比原则上达到1：3以上。对于以下情况实行"一票否决"：截至规定日期仍未完成项目建设的，中央财政奖补资金直接用于建设楼堂馆所、资金使用出现违纪违规的，发生重大环境污染、生态破坏问题或发生重大农产品质量安全事故的，提供虚假资料骗取认定资格的。

在申报程序上，由申报县农业农村局、财政局联文向设区市提出申请，由设区市农业农村局、财政局联文推荐上报所在省农业农村厅、财政厅，再由所在省农业农村厅、财政厅联文推荐上报农业农村部、财政部。在认定申请程序上，全国农业产业强镇由项目实施镇（乡）所在的县级人民政府提出认定申请，省级农业农村、财政部门审核推荐，农业农村部、财政部实地复核并公示后认定。

● 什么是"一县一业"？实施背景和意义是什么？

"一县一业"，在部分地区也称"一县一特"，是旨在推动县域乡村产业发展的一种理念，核心是以县域为载体，发掘和利用地方资源，集成相关支撑政策，培育和形成自己的主导产业，促进地方经济快速发展。其中的主导产业，必须是适应县域经济发展阶段，对当地产业结构和经济发展具有导向性和带动性作用，市场前景广阔、技术含量较高的产业，其主要特征是：达到了一定的经济规模，具有较高的需求收入弹性和发展速度，对县域经济增长的贡献较大；

存在着较强的前侧、后侧和旁侧效应,具有较强的辐射带动作用,容易配置资源;对新技术成果吸收性好、应用效果好。

县域是我国经济发展的重要载体。截至 2022 年全国 1864 个县(含县级市、自治县、旗和自治旗)所占国土面积占国土总面积的 88%,创造了全国 75.62% 的一产增加值、40.91% 的二产增加值。一些县域优势产业在全球都占有重要位置,直接关系到我国产业链供应链的安全。县域庞大的人口规模也是内需的重要市场,常住人口占全国人口的 52.80%。县域也是我国乡村振兴的主战场。相较于城市,我国县域面临着更多发展不充分的现象。县域人均 GDP 不足全国平均水平的 70%,居民储蓄存款仅占全国的 36.64%,金融机构贷款余额仅占全国的 19.62%,人均固定资产投资不足城市的 1/2。通过实施"一县一业",探索适合当地的发展路径,发展有潜力和前景的特色产业,有利于整合各类资源,提升产业竞争力,推进乡村产业升级;有利于提高地方经济规模和效益,增加农村居民就业机会和收入水平。

需要指出的是,"一县一业"并不否认乡村产业多元发展,也不是说一个县只能发展一个主导产业。每个地方的资源禀赋、发展基础不同,不能单靠一业发展,而必须因地制宜,充分发挥当地特色资源优势,构建多元化的现代乡村产业体系。因此,"一县一业"强调的是从县情实际出发,突出重点,抓根本、抓关键,突出本地特色,发挥比较优势,在多元发展中培育形成自己的主导产业。

● 各级政府关于"一县一业"的支持政策如何?

2021 年,农业农村部联合国家发展改革委、财政部、国家乡村振兴局等9部门印发的《关于推动脱贫地区特色产业可持续发展的指导意见》提出，引导资金、技术、人才、信息向脱贫地区聚集，发展"一县一业"，培育壮大主导产业。优化产业布局，推动形成县城、中心乡（镇）、中心村层级分明、功能有效衔接的结构布局，促进产镇融合、产村一体。意见指出，要从四方面稳加强产业扶持政策：一是强化财政支持。中央财政衔接推进乡村振兴补助资金重点支持培育和壮大欠发达地区特色优势产业，并逐年提高资金占比。将符合条件的乡村振兴项目纳入地方政府债券支持范围。有条件的地区设立的乡村振兴基金，重点支持乡村产业发展。二是创新金融服务。充分发挥农业信贷担保体系作用，鼓励和引导金融机构为脱贫地区新型农业经营主体发展产业提供信贷支持。引导地方法人金融机构将再贷款资金重点用于支持发展特色产业。三是完善用地政策。结合脱贫县特色产业发展需要，统筹安排用地规模和计划指标，优化用地审批和规划许可流程，提高审批效率，支持一二三产业融合发展。四是加强项目管理。每个脱贫县重点选择2—3个特色主导产业，突出基地建设、良种繁育、病虫害防控、精深加工、科技服务、人才培训、品牌打造、市场销售等全产业链发展关键环节。脱贫县财政涉农整合资金和其他各级各类财政资金支持产业发展，原则上从项目库中选择项目。

各省、市也陆续推出"一县一业"促进政策，支持县域乡村产业发展。如云南省发布《关于创建"一县一业"示范县加快打造世界一流"绿色食品牌"的指导意见》，提出要以打造"开放型、创新型、高端化、信息化、绿色化"现代产业体系为目标，按照"大产业+新主体+新平台"发展模式，聚焦茶叶、花卉、水果、蔬菜、坚果、咖啡、中药材、肉牛8个优势产业，兼顾其他特色优势产业，全面落实"抓有机、创名牌、育龙头、占市场、建平台、解难题"6个方面举措，在全省择优创建规模化、专业化、绿色化、组织化、市场化水平高的"一县一业"示范县，做强做优做大主导产业，构建完善的产业体系、生产体系和经营体系，把小农户引入"一县一业"发展大格局。上述《指导意见》提出，"一县一业"示范县创建期为3年，省财政对纳入"一县一业"示范县创建名单的县、市、区，每县每年安排创建补助资金3000万元，连续补助3年。补助资金重点用于公共基础设施建设、绿色有机认证补助、物联网示范基地建设、产品质量追溯体系建设、技术改造提升、品牌打造、产品研发、冷链物流、贷款贴息等环节。对新型农业经营主体生产设施、附属设施和配套设施用地，符合国家有关规定的，按照农用地管理；在年度建设用地指标中优先安排新型农业经营主体建设配套辅助设施；对新型农业经营主体发展农产品初加工用电，执行农业生产电价、免征流通环节增值税等政策；加大对新型农业经营主体金融信贷支持力度。再如长沙市人民政府办公厅《关于加快推进长沙市"一县一特"农业产业发展的实施意见》提出，加大财政投入力度，从2019年到2023年，市财政每年安排"一县一特"农业产业发展专项资金2亿元，其中对长沙绿茶、宁乡花猪、浏阳油茶、望城蔬菜产业每年分别安排长沙县、宁乡市、浏阳市、望城区4000万元扶持资金，花卉苗木、荷花虾产业每年各安排2000万元扶持资金。相关区县（市）原则上按1.5倍配套"一县一特"农业产业发展资金。

● 什么是"一村一品"？发展"一村一品"的意义是什么？

"一村一品"是指在一定区域范围内，以村为基本单位，按照国内外市场需求，充分发挥本地资源优势，通过大力推进规模化、标准化、品牌化和市场化建设，使一个村（或几个村）拥有一个（或几个）市场潜力大、区域特色明显、附加值高的主导产品和产业。

发展"一村一品"，是推动农业农村现代化和乡村振兴的重要举措，是深度挖掘乡村产业功能价值、开发特色产品的重要方式，是推动乡村产业集聚化、规模化、标准化、品牌化发展的重要途径，是调整农业产业结构、提高农产品附加值、拓宽农民增收渠道的重要抓手，是打造产村、产镇融合发展格局的重要环节。

● 支持"一村一品"发展的政策如何？

近年来，农业农村部门高度重视和持续加强"一村一品"发展的规划引导、政策扶持、宣传推介等工作。一是政策完善。2021年，农业农村部办公厅印发《全国"一村一品"示范村镇认定监测管理办法（试行）》，规范"一村一品"示范村镇认定、监测、标识使用等工作。二是开展培训。举办全国"一村一品"示范村镇培训班，强化对各地的服务和指导。三是加强监测。建立全国"一村一品"示范村镇管理信息系统，通过信息化手段，对已认定的示范村镇开展动态监测，了解产业发展情况，引导乡村产业布局不断优化，乡村资源优势尽快向产业优势、经济优势转变。

经农业农村部认定的全国"一村一品"示范村镇允许使用全国"一村一品"标识。标识使用范围包括：全国"一村一品"示范村镇所申报认定的主导产业及相关产品；全国"一村一品"示范村镇内从事主导产业的生产、经营、服务主体;经农业农村部备案的生产、经营、服务主体。全国"一村一品"示范村镇内的生产、经营、服务主体使用标识,须向县级农业农村部门申请备案,备案同意后即可使用。县级农业农村部门要将备案结果及时上传申报监测线上平台。备案内容包括主体名称、使用产品、使用范围、使用形式等。全国"一村一品"示范村镇以外的生产、经营、服务主体使用全国"一村一品"标识,须通过申报监测线上平台向农业农村部申请备案,备案同意后即可使用。

● 全国"一村一品"示范村镇的申报和认定条件有哪些?

全国"一村一品"示范村镇是指由农业农村部认定,主导产业优势特色鲜明、质量效益显著、联农带农紧密,基本实现产村、产镇融合发展,有较强辐射带动作用的行政村和行政镇。根据农业农村部办公厅印发的《全国"一村一品"示范村镇认定监测管理办法(试行)》,全国"一村一品"示范村镇申报主体为行政村、乡镇、有农业的社区或街道,申报主导产业应为当地的特色种植、特色养殖、特色食品加工、特色文化(包括传统手工技艺、民俗文化等)和新业态(包括休闲旅游、民宿、电子商务等)的具体品类。

申报条件包括:(1)主导产业基础好。村主导产业总产值超过1000万元,占全村生产总值的50%以上。镇主导产业总产值超过5000万元,占全镇农业生产总值的30%以上。(2)融合发展程度深。主导产业生产、加工、流通、销售、服务等关键环节有机衔接,实现了链条化、一体化发展。电子商务、休闲体验、文化传承、生态涵养等农村一二三产业深度融合的新产业新业态已有初步发展。(3)联农带农作用强。申报村成立有农民合作社,主导产业从业农户数量占村常住农户数的40%以上。申报镇发展有地市级以上龙头企业或规模以上企业,主导产业从业农户数量占镇常住农户数的20%以上。村(镇)主导产业从业人员人均可支配收入近3年增长率均超过8%。(4)特色产品品牌响。申报村(镇)推行标准化生产,主要经营主体有注册商标,产品销售渠道畅通,主要产品在当地有一定知名度和美誉度。申报村(镇)所在县已获得主导产业地理标志登记保护认证,认证区域内的村(镇)可优先申报。对于民俗文化和新业态,注册商标属非必要条件。

申报完成后,农业农村部乡村产业发展司组织专家对各省(自治区、直辖市)推荐的全国"一村一品"示范村镇申报材料进行审核,确定拟认定的全国"一村一品"示范村镇名单。

● 我国的地理标志农产品保护政策有哪些内容?

保护和发展地理标志农产品是推进农业生产和农产品"三品一标"的重要内容,是增加绿色优质农产品供给的重要举措,是促进区域农产品集聚发展的重要手段。2019年,农业农村部联合财政部启动实施地理标志农产品保护工程。为壮大乡村特色产业、扩大优质绿色农产品供给、促进农业高质量发展,聚焦粮油、果茶、蔬菜、中药材(食药同源)、畜牧、水产六大品类,选择一批地域特色鲜明、具有发展潜力、市场认可度高的地理标志农产品,重点围绕特色资源挖掘、特色产业发展和农耕文化发扬三个方面开展建设。2021年,支持245个地理标志农产品发展,延伸产业链、完善供应链、提升价值链。2022年,继续支持200个地理标志农产品培育保护,推动乡村产业振兴,带动农民增收致富。

2022年,地理标志农产品保护工程实施工作重点聚焦以下内容:

一是培优区域特色品种。建设区域特色品种保存和繁育基地,加强区域特色品种的调查收集、提纯复壮和繁育选育,保护核心种质(原种)资源,培优一批优良品种,提升地理标志农产品特色品种供种能力。

二是建设核心生产基地。建设和提升一批地理标志农产品核心生产基地。改善基地生产设施条件及配套仓储保鲜设施条件,保护特定产地环境,推行绿色化、清洁化、循环化生产模式,提高地理标志农产品综合生产能力。支持相关加工工艺及设备改造升级,促进产加销一体化发展。

三是提升产品特色品质。开展地理标志农产品特征品质监测鉴定,厘清产品品质与独特地域和独特生产方式的关联,加强特色品质保持技术集成和试验转化。建立特征品质数据库,选择外观、质构、风味等方面关键指标,构建产品特征品质指标体系,开展品质评价,推动分等分级和包装标识,推动产品特色化。

四是推进全产业链标准化。以传统生产方式为基础,结合现代农业新技术新装备的应用,构建以产品为主线、全程质量控制为核心的全产业链标准体系和标准综合体,加快关键环节标准制修订。加大标准化指导、宣贯和培训,加强标准简明化应用。

五是叫响区域特色品牌。培育以地理标志农产品为核心的区域品牌。加强产品宣传推介,举办和参加地理标志农产品展览展示、文化节庆等活动。依托地标农品中国行、国家地理标志农产品展示体验馆等公益平台扩大品牌影响。实施消费促进行动,打造电商专区、市场专柜，壮大专业经销队伍，创新产销对接模式，促进优质优价。

六是建立质量管控机制。建立生产经营主体名录和信用档案，健全质量管理体系，完善生产日志，强化全过程质量控制。实施达标合格农产品亮证行动，推动规范开具合格证。加强质量标识和追溯管理，完善地理标志农产品监管和服务体系。利用现代信息技术，建立或使用智慧生产、营销、监管、服务等信息化平台，推动身份标识化和全程数字化。

◉ 国家对农产品加工业的布局有何方向和原则？

一是向主产区布局。如在东北地区布局玉米和大豆加工，在黄淮海地区布局优质专用小麦加工，在长江流域布局优质油菜籽加工，在内蒙古自治区布局乳品和牛羊肉类加工，在江苏、浙江、福建等省布局茶叶加工，在沿海省份布局水产品加工，等等，使规模优势、区域优势和市场优势得以充分发挥。

二是向县域布局。引导或培育农产品加工企业在县域、乡镇建设加工生产基地，统筹发展初加工、精深加工，鼓励农民合作社、家庭农场发展预冷、冷藏、清选、烘干等初加工。依托优势特色乡村产业，建设以农产品加工为核心的重点产业链和全产业链典型县。

三是向园区集聚。《"十四五"推进农业农村现代化规划》提出，要在农牧渔业大县（市、区）建设一批农产品加工园区，引导农产品加工企业在有条件镇（乡）所在地建设加工园区。

● 乡村特色产业布局优化的支持方向是什么？

乡村特色产业多分布在我国偏远地区和山区丘陵地区，这些地区也是过去我国相对贫困地区，虽然在"十三五"末实现了全部"摘帽"，但仍需通过与乡村产业振兴相衔接，巩固脱贫攻坚成果。而乡村特色产业所具有的特色资源、小宗生产等特点，也决定了其产业主体仍以小农户或农民专业合作社为主，具有联农带农益农属性。由此，国家高度重视乡村特色产业的合理布局和发展，有针对性地采取了一系列政策举措。

一是支持各地聚焦优势突出的产业，建设优势特色产业集群、产业强镇，促进产业布局由"多点分布"向"带状集聚转变"。仅2021年，农业农村部就倾斜安排资金，支持108个脱贫县建设优势特色产业集群、76个脱贫县创建农业产业强镇。

二是支持稳步扩大重点主导产业规模。2021年统计显示，水果、蔬菜、草食畜牧、特色粮油、中药材、生猪、茶叶、食用菌、禽类、薯类等产业已经成为脱贫地区十大主导产业，覆盖820个脱贫县，产值占脱贫地区特色主导产业总产值的88%。

三是支持发展绿色有机和地理标志农产品，借助品牌效应，实现线上线下销售快速发展，安徽、湖南、陕西等地一大批特色产品电商销售额超过10亿元。

四是支持东西部协作推动产业梯度转移，如浙江与四川开展"一县一园区、一园一业主"产业合作，上海协助云南打造"百县百品"特色优势产业，山东实施"东产西移"助力重庆、甘肃增强发展能力，等等。

第四编 产业融合发展

● **什么是产业融合？乡村产业融合的涵义是什么？**

产业融合的概念最早出现于20世纪60年代，专指传统产业信息化发展所带来的通信、传媒等相关行业的交叉融合现象。20世纪90年代起，产业融合理念开始广泛应用到其他产业。综合各界观点，目前所指的产业融合，从狭义角度看就是产业界限在技术创新、管制放松的情况下开始模糊甚至消失；从广义角度看就是产业间相互渗透、交叉、融合，从而产生新产业、新业态的过程。

乡村产业融合，即农村三产融合，是指各类新型农业经营主体以农业为基础，通过要素、制度和技术创新，让产业不单局限在种养、生产环节，而是前后延伸，左右拓展，一二三产业间联动，跨产业集约化配置，将农业生产、加工、销售环节及休闲农业、乡村旅游、其他服务业等有机整合，形成较为完整的产业链条，实现农村三次产业紧密相连、协同发展的生产经营方式。

● **我国提出乡村产业融合发展的背景是怎样的？**

党的十八大后，随着农业供给侧结构性改革的推进，中央提出要推动农村一二三产业融合。2014年底中央农村工作会议提出，要大力发展农业产业化，促进一二三产业融合互动。2015年中央1号文件明确要求推进农村一二三产业融合发展，推动建立现代农业产业体系、生产体系、经营体系。2015年国务院办公厅印发《关于推进农村一二三产业融合发展的指导意见》。党的十九大报告提出乡村振兴战略，把构建乡村产业体系、促进乡村产业振兴作为首要任务，进一步促进农村一二三产业融合发展。

农村产业融合发展是时代发展的必然。改革开放初期，我国乡村经济主要发展种植业、畜牧业、渔业等第一产业。随着乡镇企业异军突起，又发展了一批工业企业，但是多数与第一产业的关联度不强。随着改革进程的推进和经济社会的发展，农业机械化、产业化有了一定发展，适度规模经营有序推进，但是仍然主要聚焦于如何发展第一产业，导致我国乡村产业链相对较短，农产品加工转化率不高，基层农产品流通体系建设滞后，产加储运销脱节，乡村旅游等第三产业发展设施滞后，同质化严重。党的十八大之后，随着农村市场经济的发展和农业多功能的拓展，乡村产业呈现多业态、多模式、多主体互动发展。在此形势下，推动一二三产业融合发展，有利于推动种养加结合和产业链再造，提高农产品加工业、流通服务水平，延长乡村产业链，提升增值能力，促进农民增收致富；有利于提升乡村产业智能化、信息化水平，转变生产经营方式；通过发展休闲农业、乡村文化旅游、民宿经济等特色产业，还可以促进城乡融合，满足人民群众对乡村生态休闲等功能的需求。

● 乡村产业融合发展的根本目的是什么？路径有哪些？

从理论上说，乡村产业融合发展的根本目的是围绕乡村传统产业，在一二三产业的边界和交叉处，通过融合资源要素、创新生产组织方式，催生出新的业态和模式，从而构建全产业链、价值链，在融合之后产生高于单纯每个产业之和的利润。结合我国实际，乡村产业融合发展的目的还包括引领乡村产业转型升级，同时让农民充分分享二三产业的增值收益。

就目前而言，乡村产业融合发展主要有以下路径可以选择：

一是延伸农业产业链。从单纯的农业生产环节延伸到涵盖农业生产的产前、产中、产后各环节，从产前的农资生产与技术开发到产中的社会化服务，再到产后的农产品贮藏、深加工、运输、销售等环节。延伸产业链的核心是产加销一体化，可以实现农业的增值增效。通常，产业链融合也称为纵向融合。

二是扩展农业多种功能和乡村多元价值。就农业而言，除了具有提供农产品的价值外，还有提供农业景观、休闲与体验等功能；乡村作为相对城镇的一元，不仅具有生活价值，也具有社会和文化传承价值，是适合养生、养老、养心的理想空间。农业多种功能和乡村多元价值的发现和利用，为在农业基础上发展休闲、文旅等融合产业业态提供了空间。通常，这一融合方式被称为横向融合。

三是开展综合利用和发展循环农业。如在稻田同时开展渔业养殖的"稻—养结合"，畜禽养殖同时发展有机肥料的有机循环农业，以及发展林木产业的同时发展菌类生产的林下经济。这一模式也称为产业内部融合或内向融合。

⬤ 我国支持乡村产业融合发展的政策有哪些？

2015年国务院办公厅印发的《关于推进一二三产业融合发展的指导意见》，以及2016年农业部发布的《全国农产品加工业与农村一二三产业融合发展规划（2016—2020）》，提出了支持农村一二三产业融合发展的财政、税收、金融、土地、人才等政策。2017年，农业部和国家发展改革委先后出台了《关于支持创建农村一二三产业融合发展先导区的意见》和《国家农村产业融合发展示范园创建工作方案》，在全国范围内积极推进农村产业融合园区化发展。2018年，中共中央、国务院印发《乡村振兴战略规划（2018—2022）》，就推动乡村产业深入融合进一步提出政策举措。2022年国务院发布《"十四五"推进农业农村现代化规划》，再次明确提出要促进乡村产业园区化融合化发展，发展新产业新业态，提升产业链供应链现代化水平。

在金融支持政策方面，为解决乡村产业融合发展中面临的融资难、融资贵问题，国家发展改革委联合农业农村部、中国农业银行、中国农业发展银行发布《关于金融支持农村一二三产业融合发展试点示范项目的通知》《关于政策性金融支持农村一二三产业融合发展的通知》，对农村产业融合发展试点示范项目和主体加大金融支持。

在用地政策方面，国土资源部、国家发展改革委2017年联合发布了《关于深入推进农业供给侧结构性改革 做好农村产业融合发展用地保障的通知》。2021年，自然资源部、国家发展改革委、农业农村部联合印发《关于保障和规范农村一二三产业融合发展用地的通知》，在混合型产业用地范围、用地空间布局、农产品产地初加工、盘活存量用地和优先增量用地、优化用地手续等五个方面提出新政策措施，引导盘活存量用地和每年新增用地向产业融合项目倾斜。

● 现阶段我国重点推动哪些乡村产业融合？

按照《乡村振兴促进法》以及其他政策文件，现阶段我国重点推动的乡村产业融合有以下几类：

一是在农林牧渔业基础延伸形成的产业。特色农业、休闲农业、乡村旅游、康养产业等，为人们体验农耕文化和与大自然亲密接触提供了渠道；现代农产品加工业、乡村物流、电子商务等延伸了农业产业链，提升了农业价值链。

二是依托乡村特色资源培育的新产业新业态。如依托乡村美景、历史故事、革命旧址等发展乡村休闲旅游业；依托乡村民间手工艺发展乡村手工业；为给美丽乡村建设提供支撑，可在乡村发展绿色建材产业。

三是农产品加工流通业。在乡村地区建设农产品加工产业园区，发展粮油加工、食品制造。促进新技术应用，提升产品附加价值；建设交易市场、运输物流设施，提升冷链物流水平，促进农产品顺畅流通。

四是农村电商业。实施"数商兴农"工程，推进电子商务进乡村，促进农副产品直播带货规范健康发展。开展农业品种培优、品质提升、品牌打造和标准化生产提升。

● 各地应如何推动乡村产业融合发展？

在产业发展方面，继续深入挖掘农业的多功能性，以功能拓展带动业态融合，推进农业与文化、旅游、教育、康养等产业融合，发展创意农业、功能农业等。发挥农业的保障功能，深入发掘其品牌价值，实现产品高价销售。发展农业的生态功能，建设现代生态农业。重视农业的文化功能，增强农业的观光价值，结合不同农村地区的资源禀赋和地域特点，发展民俗风情、古宅观光、休闲农园等旅游模式，提高产业和资源附加价值。

在主体培育方面，鼓励各类主体加强合作、壮大实力、优势互补，促进资源共享、链条共建、品牌共创。加强龙头企业自身建设，以龙头企业为主导延伸产业链，促进上下游龙头企业强强联手、合作共赢，整体提升产业链供应链水平。发挥专业大户、家庭农场带动能力,将城乡、发达地区与不发达地区的资源流动链接起来。支持农民合作社发展壮大,引导合作社联合发展机制,鼓励同质或相关的合作社积极沟通整合,在保证一定竞争的前提下实现规模效益,扩大合作社的经济技术实力。

在政策支持方面,满足融合产业要素需求。完善涉农税收政策,根据产业融合发展需要适时调整政策优惠力度,保持政策弹性。加强农村金融体系创新力度,开发产业链供应链信贷产品。加强农村基础设施建设,扩大农业公共服务范畴、补齐农村产业设施短板、完善农村综合性信息化服务平台和体系建设。

在体制机制创新方面,建立适应农村三产融合发展的管理体制,提高多部门间的有效协作。拓宽农业管理的参与范围,更广泛参与土地规划、教育科研、农产品加工、生物多样性、生态安全等领域。

● 推动乡村产业融合发展应注意什么?

一是要坚持因地制宜探索适合本地区的融合模式。在大中城市周边,可以将农业与旅游、教育、文化、健康、养老等产业深度融合,发展农家乐、观光农业、休闲农业等产业;具有历史文化或民族特色的乡村,可以发展特色文化旅游;本地有某种特色农产品的,可以发展农村电商、农产品加工业,还可以延伸发展仓储物流、产地批发市场等产业。随着农民进入城市,对农业生产性服务业的需求增加,可以发展代耕代种代收、大田托管、统防统治、烘干储藏等市场化和专业化服务。第一产业的农林牧渔业也可以融合发展,实现农牧结合、农林结合,发展种养结合循环农业、林下经济等。

二是发挥新型农业经营主体作用。鼓励家庭农场、农民合作社发展农产品销售、休闲农业等，拓展多样化经营，支持龙头企业和社会资本投向乡村产业。

三是注重建立多种形式的利益联结机制。如发展订单农业，合理确定收购价格，形成稳定购销关系。农户以承包土地经营权入股的，要切实保障股份权益。工商企业进入乡村发展，应充分尊重农民意愿，不得侵犯农民合法权益。应当优先聘用流转出土地的农民，为其提供技能培训、就业岗位和社会保障。

● 什么是乡村产业链？我国乡村产业链建设的政策目标是什么？

所谓产业链，是指围绕某一类产品和服务形成的，具有前后关联性的、彼此之间具有供求关系的各环节所组成的生产和服务体系。乡村产业链，就是依托乡村资源，围绕某一乡村主导产业，形成包括研发、生产、加工、储运、销售、品牌、体验、消费、服务等各环节的，链接各主体形成协同发展的有机体系。乡村产业链可以是涉及全国的，也可以是局限在一个特定区域的。

现代农业竞争，已由产品之间的竞争转为产业链之间的竞争。2021年，农业农村部发布《关于加快农业全产业链培育发展的指导意见》，对乡村产业链建设做全面部署。其中指出，要打造一批创新能力强、产业链条全、绿色底色足、安全可控制、联农带农紧的农业全产业链，为乡村全面振兴和农业农村现代化提供支撑。到2025年，农业全产业链标准体系更加健全，乡村产业链供应链现代化水平明显提升，现代农业产业体系基本形成。培育一批年产值超百亿的农业"链主"企业，打造一批全产业链价值超百亿的典型县，发展一批省域全产业链价值超千亿的重点链。

● 如何围绕产业链推动乡村产业纵向融合？

产业纵向融合，就是围绕某一主导产业，通过向产业链上下游延伸，形成包括研发、生产、加工、储运、销售、品牌、体验、消费、服务等各环节在内的有机体系的产业融合发展方式。乡村产业的纵向融合，是农产品从田园到餐桌的生产、加工、流通、消费全部环节融合，是农业多种功能的综合实现形式。

从产业链角度看，乡村产业纵向融合，实质上就是围绕农业主导产业的产业链完善，是乡村产品的"产加销"产业链融合，因此要通过农产品精深加工、冷链物流体系建设、优势产区批发市场建设等方式，实现农副产业与市场流通、仓储、服务的有机衔接，构建一二三产业间的联系纽带，促进"农业+加工业""农业+服务业"融合，带动产业链发展。

从发展主导产业看，要围绕影响国计民生的粮食和重要农产品、满足多样化需求的特色农产品，推行规模化生产，加快形成各具特色、品类齐全的支柱产业。从融合产业看，各地可根据市场需求和资源条件，积极发展适合本地产业特点的农产品加工业，以"粮头食尾""农头工尾"为抓手开展农产品初加工和精深加工，做强做优做细食品产业。着力发展农产品流通业，加强农产品产后分级、包装、营销，建设现代化农产品冷链仓储物流体系，打造销售服务平台，促进产销有效衔接。

从培育融合主体看，要鼓励农民合作社和家庭农场参与农产品加工，开展农产品产地、集散地、销地批发市场建设、农产品物流网点、冷链物流项目建设，开展电商销售等。鼓励农业产业化龙头企业通过将外部分工转化为产业内部组织行为，实现产加销、贸工农一体化发展。

从完善体制机制看，目前很多地方的做法是建立"链长制""链主制"。针对产业链跨区域、跨环节、跨业态的特点，由地方或部门领导任"链长"，负责提出产业链技术路线、应用领域、区域分布，推动出台配套支持政策。选育能起主导作用的农业产业化龙头企业担任"链主"，构建农业产业化联合体，推动产业链各环节主体通过合作、入股等方式真正形成利益共享、风险共担的利益共同体，促进主体联合、要素聚合。

◉ 如何围绕农产品加工业打造产业链？

农产品加工业一头连着农业、农村和农民，一头连着工业、城市和市民，亦工亦农，沟通城乡。通过统筹发展农产品初加工、精深加工和综合利用加工，能够带动乡村产业结构完善，产业功能宽度拓展，推动中央厨房、主食工厂、预制菜、文化糕点、新式茶饮、精品干果等新产业新业态涌现并融合发展，推进农产品多元化开发、多层次利用、多环节增值。

围绕农产品加工业打造产业链，要做到以下几点：

一是要加大科技创新力度，提高农产品加工比例。完善"产学研"合作模式，加大对接力度，通过组织科技攻关解决加工技术难题、改进加工技术装备、制定和发布各细分行业和产品生产标准，引导农产品加工企业合理提高加工精度，综合利用加工副产物，提升产品科技含量和附加价值。

二是要加大产业集群带动力度，提升综合竞争能力。依托农产品加工业特色产业集群和专业化产业园区，推动产业链纵向延伸发展，打造区域品牌。促进农产品加工业与生产、流通等上下游环节结合，发展中央厨房、净菜加工、预制菜等新业态。完善基础设施，发展"生鲜加工中心＋前置仓＋即时配送"等新服务模式。

三是要加大人才培育力度，提高产品市场衔接能力。扎实推进农村各类职业技能培训，扩展参与人员范围和比例。依托现有各类培训资源，围绕农产品加工业发展，开发适合各细分行业的课程体系，在重点产业带、优势产业聚集区、城市郊区等建设农产品加工业创业辅导基地，培养实用型技术和管理人才。增加数字技术、电子商务等知识的培训，提升新型农业经营主体市场营销能力，更好实现加工产品与市场的有效衔接。

⦿ 提升农产品加工业的重点领域和环节有哪些？

根据《全国乡村产业发展规划（2020—2025年）》，"十四五"期间，要统筹发展农产品初加工、精深加工和综合利用加工，推进农产品多元化开发、多层次利用、多环节增值。重点领域和环节包括：

一是拓展农产品初加工。果蔬、奶类、畜禽及水产品等鲜活农产品，重点发展预冷、保鲜、冷冻、清洗、分级、分割、包装等仓储设施和商品化处理，实现减损增效。粮食等耐储农产品，重点发展烘干、储藏、脱壳、去杂、磨制等初加工，实现保值增值。食用类初级农产品，重点发展发酵、压榨、灌制、炸制、干制、腌制、熟制等初加工，满足市场多样化需求。棉麻丝、木竹藤棕草等非食用类农产品，重点发展整理、切割、粉碎、打磨、烘干、拉丝、编织等初加工，开发多种用途。

二是提升农产品精深加工。发展精细加工，推进新型非热加工、新型杀菌、高效分离、清洁生产、智能控制、形态识别、自动分选等技术升级，利用专用原料，配套专用设备，研制专用配方，开发类别多样、营养健康、方便快捷的系列化产品。推进深度开发，创新超临界萃取、超微粉碎、生物发酵、蛋白质改性等技术，提取营养因子、功能成分和活性物质，开发系列化的加工制品。

三是推进综合利用加工。推进加工副产物循环利用、全值利用、梯次利用，实现变废为宝、化害为利。采取先进的提取、分离与制备技术，推进稻壳米糠、麦麸、油料饼粕、果蔬皮渣、畜禽皮毛骨血、水产品皮骨内脏等副产物综合利用，开发新能源、新材料等新产品，提升增值空间。

● 如何围绕乡村特色资源打造产业链？

与城市相比，乡村地区在资金、技术、人才等方面处于明显的劣势，但在特色资源方面却有着明显的优势。这些特色资源包括众多的特色物种资源、优越的生态环境资源、丰富的民俗文化资源、独特的传统技术资源等，并由此孕育出许多具有地域特色的传统产业，比如利用农业收获物发展的竹编、蜡染、刺绣、纺织、木雕、石刻等传统手工业，再比如卤制品、酱制品、豆制品以及腊肉、腊肠、火腿等传统的食品加工业。

这些乡村特色产业，地域特色浓厚，承载着历史的记忆，传承着民族的文化，有独特的产业价值，是乡村经济的重要方面，也是产业融合的重要内容，具有变废为宝、循环利用的价值。各地可以基于这些资源和市场需求，一方面可以重点建设规范化乡村工厂、生产车间，发展特色产品生产与加工；另一方面，可以向上游延伸，研发、挖掘与保护传统工艺，向下游延伸，发展电商等服务产业，以及通过融合乡村文化旅游、休闲、研学等推动产品营销。

● 乡村产业横向融合发展的模式有哪些？

乡村产业的横向融合，就是围绕乡村的多种功能，从农业向其他领域拓展，实现农业与文化、教育、旅游、康养、餐饮等产业的融合发展，培育文旅康养、特色民俗等新业态，在打造品质生活的同时，实现产业提升和发展。近年来，全国各地对乡村产业横向融合发展不断探索，积累了丰富的经验，形成了许多新的发展模式，例如：

1. 以农业农村观光旅游为主导的模式。其核心是依托乡村优美的环境，结合周围的田园景观和民俗文化，以农作物集中种植区和农区特色地形地貌等形成的景观为旅游观光对象（如油菜花景观、稻田景观、梯田景观、草原景观、果园景观、花卉景观、水利工程景观），打造观光旅游线路。这一模式的主要盈利点来自餐饮和住宿。但是，农业观光旅游的季节性明显，游览时间集中在一年中的某一时段，因此，既不能完全满足游客的需求，也比较难以获得较高收益。

2. 以家庭农场体验为主导的模式。其核心是着眼城市人口需求，吸引城市人口利用节假日到郊区去体验农业，参与农业劳作和进行垂钓、休闲娱乐等体验性活动。"农家乐""渔家乐""采摘园"是这一模式的主要表现形式，也是当前数量最多的融合模式，其经营主体多为农户。农户以其住房、庭院和承包地等作为营业场所，搭配一些简单和轻量级的休闲和游乐设施，提供休憩、度假、娱乐功能，让游客吃农家饭、住农家院、干农家活，感受乡野生活。这一模式目前属于投入产出比相对较高的模式，并在不同地区演变出多种类型的经营方式，如市民种植纪念树、小块土地租赁、果园果树租赁等。

3. 以乡村农庄度假养生为主导的模式。其核心是依托乡村优美的田园环境资源，吸引城市人口到乡村开展疗养身心的深度旅游活动。这一模式的经营者，提供的服务以住宿、餐饮为基础，同时以农业农村为基础，向游客提供绿色安全的农产品、高品质的乡村生活方式及优美的休闲环境，其往往具备饮食、运动、体验、养生、商务等功能，满足人们在紧张工作之余的中短期休闲康养。成功的度假庄园，需要依托农业景观、设施园艺等，以农事体验、乡间游乐、健康养生、运动休闲、民俗演艺、自然课堂、民俗手作、创意集市、特色活动等作为核心吸引点，以特色民宿、露营/木屋基地、乡村度假酒店等作为业态产品，打造多功能精品服务。

4. 以农业研学旅游为主导的模式。亲子农业是在农业生产的基础上进行延伸开发的，具有引导城市家庭体验乡村氛围和田园生活的功能。近年来，越来越多城市家庭重视孩子课外/户外教育，农业研学旅游迎来了发展机遇。各地利用农业观光园、农业科技生态园、农业产品展览馆、农业博览园或博物馆，为家庭提供了解农业历史、学习农业技术、增长农业知识的教育活动。这一模式在我国仍处于初级发展阶段。对经营者而言，如何结合当地自然、人文环境实际，将科学知识寓教于乐，增加儿童的互动性和顾客的黏性，拉动相关产品的消费，是运营成功的关键。

5. 田园综合体模式。是集现代农业、休闲旅游、田园社区为一体的乡村产业融合发展模式，目的是通过文化、旅游与农业农村相结合，通过三产融合促进农村经济发展。以河北迁西"花乡果巷"田园综合体为例，其依托特色小镇乡村振兴示范区建设，打造以生态为依托、旅游为引擎、文化为支撑和市场为导向的国家级田园综合体，建设生态优良的山水田园，百花争艳的多彩花园，硕果飘香的百年果园，欢乐畅享的最美游园，群众安居乐业的祥福家园。主要做法：一是依托良好的种植基础，打造包括水果种植、果品加工、冷库仓储物流、市场交易集散、果品展览展销等环节的果品全产业链。二是打造多层次的乡村文旅产业：乡村景观、乡村休闲、乡村度假、乡村娱乐，实现乡村传统产业的转型升级。对22个村庄进行分类发展指引，构建乡村+旅游、特色产业、研学、交通、电商、度假、康养、体育、艺术、便民等十大类型。三是通过科技赋能，实现智慧生产、智慧服务、智慧管理；打造京津冀乡村振兴培训基地、实践基地。

⦿ 什么是田园综合体？其重点建设内容有哪些？

田园综合体是一种集现代农业、休闲旅游、田园社区为一体，以农带旅、以旅促农的乡村综合发展模式。2017年中央一号文件首次提出"田园综合体"的概念，并将其作为乡村新型产业发展的亮点措施，提出支持有条件的乡村建设以农民合作社为主要载体、让农民充分参与和受益，集循环农业、创意农业、农事体验于一体的田园综合体。

根据财政部《关于开展田园综合体建设试点工作的通知》，田园综合体要重点建设生产体系、产业体系、经营体系、生态体系、服务体系、运行体系等六大支撑体系。其中，建设生产体系是指按照适度超前、综合配套、集约利用的原则，集中连片开展高标准农田建设，加强区域内"田园+农村"基础设施建设，整合资金完善供电、通信、污水垃圾处理、游客集散、公共服务等配套设施条件。打造产业体系即要立足资源禀赋、区位环境、历史文化、产业集聚等比较优势，围绕田园资源和农业特色，做大做强传统特色优势主导产业，推动土地规模化利用和三产融合发展，大力打造农业产业集群；稳步发展创意农业，利用"旅游+""生态+"等模式，开发农业多功能性，推进农业产业与旅游、教育、文化、康养等产业深度融合；强化品牌和原产地地理标志管理，推进农村电商、物流服务业发展，培育形成1—2个区域农业知名品牌，构建支撑田园综合体发展的产业体系。培育经营体系是指积极壮大新型农业经营主体实力，完善农业社会化服务体系，通过土地流转、股份合作、代耕代种、土地托管等方式促进农业适度规模经营，增加农业效益。同时，强化服务和利益联结，逐步将小农户生产、生活引入现代农业农村发展轨道，带动区域内农民可支配收入持续稳定增长。构建生态体系就是要牢固树立绿水青山就是金山银山的理念，优化田园景观资源配置，深度挖掘农业生态价值，统筹农业景观功能和体验功能，凸显宜居宜业新特色。积极发展循环农业，充分利用农业生态环保生产新技术，促进农业资源的节约化、农业生产残余废弃物的减量化和资源化再利用，实施农业节水工程，加强农业环境综合整治，促进农业可持续发展。完善服务体系就是围绕区域内的生产性服务体系，通过发展适应市场需求的产业和公共服务平台，聚集市场、资本、信息、人才等现代生产要素，推动城乡产业链双向延伸对接，推动农村新产业、新业态蓬勃发展。完善综合体社区公共服务设施和功能，为社区居民提供便捷高效服务。健全运行体系就是要确定合理的建设运营管理模式，企业、村集体组织、农民合作组织及其他市场主体要充分发挥在产业发展和实体运营中的作用；农民通过合作化、组织化等方式，实现在田园综合体发展中的收益分配、就近就业。

● 国家对田园综合体建设有什么支持政策？

财政部 2017 年发布的《关于开展田园综合体建设试点工作的通知》提出，对田园综合体建设试点，中央财政从农村综合改革转移支付资金、现代农业生产发展资金、农业综合开发补助资金中统筹安排，支持试点工作。同时，各试点省份、县级财政部门要统筹使用好现有各项涉农财政支持政策，创新财政资金使用方式，采取资金整合、先建后补、以奖代补、政府与社会资本合作、政府引导基金等方式支持开展试点项目建设。经财政部年度考核评价合格后，试点项目可继续安排中央财政资金。结合实际，财政资金具体补贴额度为：国家级田园综合体——每年 6000 万～8000 万，连续三年；省级田园综合体——每年 3000 万～6000 万，比如江苏省田园综合体建设试点资金 3500 万元。

2021 年 5 月，财政部又发布《关于进一步做好国家级田园综合体建设试点工作的通知》，开展新一批田园综合体建设试点，并强调做好三方面的支持工作：一是资金支持。中央财政通过农村综合改革转移支付，按照有关规定实施定额补助。各试点省份、县级财政部门要统筹运用现有各项涉农财政支持政策，创新财政资金使用方式，采取先建后补、以奖代补、政府与社会资本合作、政府引导基金等方式支持试点项目建设。二是用地支持。坚持依法依规用地，落实农村一二三产业融合发展用地政策，支持国家级田园综合体建设。优化用地审批和规划许可流程，优先安排农村产业融合发展用地，支持符合要求的国家级田园综合体建设试点项目实施。探索实施点状供地、"农业+"混合用地等灵活供地新方式。保障设施农业发展用地，支持试点区域内的设施农业发展。落实农业设施用地政策，鼓励通过入股、租用等方式，将村集体闲置房屋、废弃厂房或经营性建设用地用于国家级田园综合体建设。大力盘活农村存量建设用地，推动国家级田园综合体发展智慧农业、循环农业、创意农业、农事体验等产业。三是人才支持。推动人才下乡服务，促进相关人才投身田园综合体建设。

● 国家级田园综合体的申报条件是什么？

国家级田园综合体试点立项条件：

1. 功能定位准确。围绕有基础、有优势、有特色、有规模、有潜力的乡村和产业，按照农田田园化、产业融合化、城乡一体化的发展路径，以自然村落、特色片区为开发单元，全域统筹开发，全面完善基础设施。突出农业为基础的产业融合、辐射带动等主体功能，具备循环农业、创意农业、农事体验一体化发展的基础和前景。明确农村集体组织在建设田园综合体中的功能定位，充分发挥其在开发集体资源、发展集体经济、服务集体成员等方面的作用。

2. 基础条件较优。区域范围内农业基础设施较为完备，农村特色优势产业基础较好，区位条件优越，核心区集中连片，发展潜力较大；已自筹资金投入较大且有持续投入能力，建设规划能积极引入先进生产要素和社会资本，发展思路清晰；农民合作组织比较健全，规模经营显著，龙头企业带动力强，与村集体组织、农民及农民合作社建立了比较密切的利益联结机制。

3. 生态环境友好。能落实绿色发展理念，保留青山绿水，积极推进山水田林湖整体保护、综合治理，践行看得见山、望得到水、记得住乡愁的生产生活方式。农业清洁生产基础较好，农业环境突出问题得到有效治理。

4. 政策措施有力。地方政府积极性高，在用地保障、财政扶持、金融服务、科技创新应用、人才支撑等方面有明确举措，水、电、路、网络等基础设施完备。建设主体清晰，管理方式创新，搭建了政府引导、市场主导的建设格局。积极在田园综合体建设用地保障机制等方面作出探索，为产业发展和田园综合体建设提供条件。

5. 投融资机制明确。积极创新财政投入使用方式，探索推广政府和社会资本合作，综合考虑运用先建后补、贴息、以奖代补、担保补贴、风险补偿金等，撬动金融和社会资本投向田园综合体建设。鼓励各类金融机构加大金融支持田园综合体建设力度，积极统筹各渠道支农资金支持田园综合体建设。严控政府债务风险和村级组织债务风险，不新增债务负担。

6. 带动作用显著。以农村集体组织、农民合作社为主要载体，组织引导农民参与建设管理，保障原住农民的参与权和受益权，实现田园综合体的共建共享。通过构建股份合作、财政资金股权量化等模式，创新农民利益共享机制，让农民分享产业增值收益。

7. 运行管理顺畅。根据当地主导产业规划和新型经营主体发展培育水平，因地制宜探索田园综合体的建设模式和运营管理模式。可采取村集体组织、合作组织、龙头企业等共同参与建设田园综合体，盘活存量资源、调动各方积极性，通过创新机制激发田园综合体建设和运行内生动力。

● 田园综合体的运营模式有哪些？

1. 田园养老模式。随着我国老龄化的发展，乡村田园养老度假成为一种新的养老模式。这一模式利用乡村特殊的自然养生条件及富有乡韵、利于康复身心的人文环境，与生态休闲、农业旅游、森林度假等相结合，开发集生态休闲、乡村健康饮食养生、农耕劳作体验、乡村社区生活于一体的田园综合体。

2. 观光休闲模式。该模式依托自然优美的乡野风景、舒适怡人的清新气候、独特的地热温泉、环保生态的绿色空间，结合周围的田园景观和民俗文化，兴建休闲度假村、休闲农庄、乡村酒店等设施，开发各类农业休闲旅游观光项目，为游客提供农业观光、休闲度假、娱乐餐饮、健身运动等服务。该模式在全国各地最为常见。

3. 产业带动模式。田园综合体内首先依托土地和园区、工厂生产特色农产品，形成自己的品牌和特色。通过田园综合体的休闲观光服务平台，吸引城市消费者来购买，从而拉动产业的发展。在这一模式中，观光休闲仅是载体，产业发展才是根本目的。

4. 科普科教模式。田园综合体内建设有农业科技教育基地、观光休闲教育、少儿教育农业基地、农业博览园等设施，作为联结科教单位科研成果与生产实际的重要纽带，或作为农业科技成果的展示和产业孵化的舞台，促进农业科技成果的传播、推广和转化。

● **为什么要建设国家农村产业融合发展示范园？建设程序是怎样的？**

国家农村产业融合发展示范园，是指在一定区域范围内，农村一二三产业融合特色鲜明、融合模式清晰、产业集聚发展、利益联结紧密、配套服务完善、组织管理高效，具有较强示范作用，发展经验具备复制推广价值，且经国家认定的园区。

建设农村产业融合发展示范园，目的是加快延伸农业产业链、提升农业价值链、拓展农业多种功能、培育农村新产业新业态，促进园区健康、快速和可持续发展以及管理科学化、规范化，让农民更多分享农村产业融合发展红利。

根据国家发改委印发的《国家农村产业融合发展示范园创建工作方案》《国家农村产业融合发展示范园认定管理办法（试行）》，国家农村产业融合发展示范园分申请创建和认定两个程序，即第一年申请创建，审批通过一年后组织对创建情况进行考核评估，从创建名单中择优认定示范园。其中，每年每批次认定100家国家农村产业融合发展示范园。截至2023年，已累计审批四批国家农村产业融合发展示范园创建名单，认定三批共300家国家农村产业融合发展示范园。

● **创建国家农村产业融合发展示范园的条件是什么？有什么支持政策？**

县（市）级政府是拟创建示范园的申报主体，对隶属于地市级政府的区域由地市级政府申报创建。根据上述文件，申报创建单位应符合以下条件：1.高度重视农村产业融合发展工作，已成立由本级政府主要领导挂帅的领导小组，并明确具体的示范园管理机构；2.具备较好的产业融合发展基础或特色产业优势，且建设示范园的意愿明确；3.示范园发展思路清晰、功能定位明确，用地符合国土空间规划（土地利用总体规划）、建设水平领先，产业特色鲜明、融合模式新颖、配套设施完善、组织管理高效，利益联结紧密，对区域内农民有较强的增收带动效应，具有较强的示范、引导和带动作用。

对国家农村产业融合发展示范园的支持政策有三方面：一是示范园所在县（市、区、旗、农场）或地市政府可以示范园为重点，在不改变资金用途和管理要求的基础上，统筹利用各项涉农资金支持示范园符合条件的项目建设，完善示范园供水、供电、道路、通信、仓储物流、垃圾污水处理、环境美化绿化等设施条件。鼓励地方各级政府优先安排资金，支持示范园基础设施和公共服务平台建设。二是示范园入园农业产业化龙头企业，可以优先申报发行农村产业融合发展专项企业债券。入园小微企业可以增信集合债券形式发行农村产业融合发展专项企业债券。三是示范园用地在年度土地利用计划安排上予以倾斜支持，依法依规办理用地手续；鼓励按照国家有关规定，通过城乡建设用地增减挂钩、工矿废弃地复垦利用、依法利用存量建设用地等途径，多渠道保障示范园用地需求。

● **乡村休闲旅游业发展中有哪些问题？应如何优化发展？**

乡村休闲旅游业是农业功能拓展、乡村价值发掘、业态类型创新的新产业，目前大致包括以下几类：以绿色景观和田园风光为主题的乡村观光旅游；以农庄或农场为载体、包括休闲农庄、观光果园、茶园、花园、休闲渔场、农业教育园、农业科普示范园等乡村休闲体验；以乡村民俗、民族风情以及传统文化、民族文化和乡土文化为主题的乡村文化旅游；以康体疗养和健身娱乐为主题的乡村康养旅游。

乡村休闲旅游业具有连接城乡要素资源、横跨一二三产业、兼容生产生活生态的特点，有巨大的市场空间，具备条件的地区应该稳步推进。但是，目前各地发展休闲农业和乡村旅游也有遍地开花、盲目发展的现象，项目同质化问题突出，恶性竞争、亏本经营的不少。为此，必须从发展理念、发展模式和发展举措上优化和完善。

一要坚持因地制宜。乡村休闲旅游业不是可以凭空发展出来的。应依据自然风貌、人文环境、乡土文化等资源禀赋，做好顶层设计，建设特色鲜明、功能完备、内涵丰富的乡村休闲旅游重点区。

二要明晰客户群体。要搞清楚市场需求和目标群体，并具备有创意的设计营销策略。

三要体现个性特色。乡村休闲旅游要坚持个性化、特色化发展方向，以农耕文化为魂、美丽田园为韵、生态农业为基础、古朴村落为形、创新创意为路径、开发特色明显、形式多样的乡村休闲旅游业态。

四要打造精品服务。从服务标准、配套设施等方面下功夫，真正让消费者玩得开心、吃得放心、买得舒心。

● 国家对乡村休闲旅游业的支持政策和举措有哪些？

2022 年中央一号文件强调，实施乡村休闲旅游提升计划，支持农民直接经营或参与经营乡村民宿、农家乐特色村（点）。在这一文件引领下，农业农村部提出了以下具体举措：一是打造精品工程。遴选一批中国美丽休闲乡村，推动产村融合发展，带动乡村生产生活生态价值提升；推介一批乡村旅游精品线路，打造一批乡村休闲旅游优势品牌和城乡居民休闲旅游"打卡地"；建设一批全国休闲农业重点县，打造乡村休闲旅游先行区。二是提升服务水平。支持完善餐饮、住宿、休闲、体验、购物、停车、厕所等设施条件；落实金融支持休闲农业发展的政策；加强从业人员培训。三是创新发展业态。支持发掘地方文化、民族特色、传统工艺等资源，开发研学教育、田园养生、亲子体验、拓展训练等项目，引导有条件的休闲农业园建设科普基地和中小学生学农劳动实践基（营）地。

◉ 如何推动林下经济产业发展？

我国南方部分地区森林资源丰富，具备发展林下经济产业的良好条件。要依托资源优势，大力推动林下经济产业发展。一是要做好顶层规划。明确区域内林下经济产业定位，科学确定产业规模，优化产业布局，探索延伸林下经济产业链条，增加林下经济产品供给，提高森林资源利用水平，实现产业高质量发展。二是要积极参与国家林下经济示范基地认定工作。挖掘区域典型案例，总结发展模式和经验，形成长期可持续发展机制。三是大力发展林草中药材产业。在保证生态安全的前提下，打造独具特色的林草中药材产业体系，形成林间、林下、草地产药、以药养林养草的良性循环。

● **新型农业经营主体在促进农村三产融合中发挥什么作用?**

新型农业经营主体是促进农村三产融合、提升农业产业链供应链现代化水平的主力军。与以往以工商资本为主体,由二三产业向农业渗透,通过整合农业资源来实现产业链条纵向扩张做法不同,农村三产融合是以农民及其相关生产经营组织为主体的,包括专业大户、家庭农场、农业产业化龙头企业及农民专业合作社等新型生产经营主体。其中:

专业大户、家庭农场通常是以生产或养殖农畜产品为主业,在一产内部将种、养产业融合在一起,或将农业生产与农产品加工、销售等环节融合发展,或通过发展"农家乐"、休闲农业等多种形式实现产业融合。

农民专业合作社在促进农村三产融合过程中,一方面可以成为农民开展日常经营活动的指导者,帮助和指导农户制订、开展合理的生产经营计划;另一方面可以在农民与市场的对接过程中起到"桥梁"和"支撑平台"的作用,把千家万户的分散农户与市场联系起来,覆盖到整个农业的生产、流通、分配和销售的全过程。

农业产业化龙头企业通常分布在粮食种植业、林业、畜牧业、渔业和农产品加工业,它们一般具有较为成熟的产业融合经验和发展模式,在技术、生产、管理及市场等多方面均具有比较优势,是促进农村三产融合、快速提升农业产业链供应链现代化水平最为强大的主体。

● **如何在乡村产业融合发展中带动农户增收?**

一方面,强化主体联合。探索双向入股、按股分红与二次利润返还等模式，完善利益联结机制，支持小农户以土地、劳动力、资金、设备等入股农民合作社和龙头企业，让农民获得更多增值收益。特别要建立起龙头企业、社会化服务企业等新型农业经营主体与农户的利益联结机制，突出农民对二三产业的参与和利益分享。

另一方面，强化要素整合。按照"资源要素畅通、利益联结紧密、服务购销最惠"，联合体内部以"链主"企业带动广大农户，让农民分享链条创业、融合创业成果，推进乡村产业延链、补链、壮链。

第五编 绿色化品牌化发展

● 国家对乡村产业绿色发展的方针是什么？背景如何？

乡村振兴，生态宜居是关键。良好的生态环境是农民生活提升的重要基础，也是乡村产业发展的最大优势所在。《乡村振兴促进法》第三十四条提出，国家健全重要生态系统保护制度和生态保护补偿机制。第四十条提出，禁止违法将污染环境、破坏生态的产业、企业向农村转移。在农业生产领域，法律要求地方各级人民政府及其有关部门采取措施，推进废旧农膜和农药等农业投入品包装废弃物回收处理，推进农作物秸秆、畜禽粪污的资源化利用，严格控制河流湖库、近岸海域投饵网箱养殖。

推动乡村产业绿色发展，是维持经济发展与生态环境之间平衡的必然要求。改革开放后多年的发展，导致我国农村环境问题日益突出。一方面，长期以来乡镇企业和城市产业转移带来积存的工业污染，以及农业种养殖生产带来的农药化肥、秸秆农膜等废弃物越来越多；另一方面村民生活方式的变化，也导致日常产生的生活污水和垃圾日益增加。在我国经济进入高质量发展阶段的背景下，生态环境的支撑作用越来越明显，因此必须正确处理农村生产生活与生态环境的关系，坚持节约优先、保护优先的方针，形成节约资源、保护环境的产业结构、空间格局、生产生活方式。

● 我国近年出台了哪些关于乡村产业绿色发展的政策文件？

2015 年以来，我国按照"创新、协调、绿色、开放、共享"的新发展理念，密集出台了关于乡村产业绿色发展的多个政策文件。其中，在"十三五"期间，出台了《到 2020 年化肥使用量零增长行动方案》《到 2020 年农药使用量零增长方案》《关于创新体制机制推进农业绿色发展的意见》《农业农村污染治理攻坚行动计划》《关于加快建立绿色生产和消费法规政策体系的意见》《关于深化改革加强食品安全工作的意见》等；2021年，又出台了《食用农产品"治违禁 控药残 促提升"三年行动方案》《关于加快推进承诺达标合格证制度试行工作的通知》《关于加强乡镇农产品质量安全网格化管理的意见》《贯彻实施〈关于加强农业农村标准化工作的指导意见〉行动计划》《建设国家农业绿色发展先行区 促进农业现代化示范区全面绿色转型实施方案》等文件，构建起支撑农业绿色发展的政策体系。

● **我国乡村产业绿色发展的重点领域有哪些？各有哪些具体举措？**

乡村产业绿色发展的重点领域包括：

1. 推动农业投入减量增效。具体举措包括：一是逐步完善农业农村生态保护制度体系，构建农业绿色发展制度体系、农业农村污染防治制度体系和多元环保投入制度体系。二是实施农业绿色发展重大行动，强化化肥农药减量增效、秸秆地膜综合利用。三是推动农业资源养护，发展节水农业、加强耕地质量保护与提升、强化农业生物资源保护。四是推进农业清洁生产，提高资源利用效率，转变农业增长方式，实现农业生产降本增效增收。

2. 发展生态循环农业。具体举措包括：一是坚持种养结合。引导小农户发展绿色生态农业，推进种养循环、农牧结合。在部分粮食主产区，按照稳粮、优经、扩饲的方针，加大粮改饲工作力度，围绕畜牧业发展，建设完善饲草料生产加工体系，坚持以养带种、以种促养，构建结合紧密、经济高效、生态持续的新型种养关系。

二是推动农业资源综合开发,开展畜禽养殖废弃物资源化利用、农副资源综合开发、标准化清洁化生产等方面的建设,着力推进农业提质增效和可持续发展。三是推进产业生态化转型。打造现代生态农业产业体系,促进生态种植业、林业、畜牧业、渔业、生态农产品加工流通业、农业服务业转型升级和融合发展;健全现代生态农业生产体系,用现代科学技术、生产机械和物流装备武装农业、服务农业,用现代生产方式改造农业。

3. 推广低碳生产方式。具体举措包括:推进乡村产业标准化生产,构建以安全、绿色、优质、营养为梯次的高质量发展标准体系;培育一批认同农业绿色发展理念、有绿色生产技能的新型农业经营主体。加强对地方政府和生产主体的考核,进行动态评价和监测、问责。

4. 确保投入品质量安全。具体举措包括:一是推动农产品质量安全监管,严格执行农药兽药、饲料添加剂等农业投入品的生产和使用规定,严禁使用国家明令禁止的农业投入品,严格落实定点经营和实名购买制度。二是规范高毒农业投入品监管。将高毒农药禁用范围逐步扩大到所有食用农产品。三是完善和落实农业生产经营记录制度、农业投入品使用记录制度。严格执行农药安全间隔期、兽药休药期有关规定,防范农药兽药残留超标。

◉ 什么是"三品一标"?新旧"三品一标"有什么区别?

"三品一标"是农业农村部门提出的,用以推动质量兴农、绿色兴农的引领性概念。以进入"十四五"为时间节点,农业农村部门提出过两个版本的"三品一标"。

传统版本的"三品一标",是无公害农产品、绿色食品、有机农产品和农产品地理标志的统称,是于2001年由农业部提出的。作为长达近20年的优质农产品公共品牌,对推动传统农业向现代农业转变发挥了重要作用。这一概念中,无公害产品是指产地环境和产品质量均符合国家普通加工食品相关卫生质量标准要求,经政府相关部门认证合格并允许使用无公害标志的食品。无公害食品不会对人的身体造成任何危害。2001年农业部提出"无公害食品行动计划",并制定《无公害农产品产地环境》《无公害产品安全要求》等相关国家标准。绿色食品是指无污染、优质、营养食品,经国家绿色食品发展中心认可,许可使用绿色食品商标的产品。绿色食品突出了食品的良好生态环境。我国于20世纪90年代制定了《绿色食品产地环境技术条件》《绿色食品生产农药使用准则》和《绿色食品生产化肥使用准则》等标准。有机食品是指根据有机农业原则,生产过程绝对禁止使用人工合成的农药、化肥、色素等化学物质,采用对环境无害的方式生产、销售,产销过程受专业认证机构全程监控,通过独立认证机构认证并颁发证书,销售总量受到控制的一类真正纯天然、高品位、高质量的食品。农产品地理标志是指标示农产品来源于特定地域,产品品质和相关特征主要取决于自然生态环境和历史人文因素,并以地域名称冠名的特有农产品标志。农产品地理标志是集体公权的体现,企业和个人不能作为农产品地理标志登记申请人。旧版"三品一标"作为一种品牌形象,其产品在市场上更容易获得认同,也具有相对较高的销售价格。

农业农村部办公厅2021年印发《农业生产"三品一标"提升行动实施方案》。其中就"十四五"期间农业生产"三品一标"提升行动启用了新概念，即品种培优、品质提升、品牌打造和标准化生产。品种培优，就是要高度重视种源，要发掘一批优异种质资源，提纯复壮一批地方特色品种，选育一批高产优质突破性品种，建设一批良种繁育基地。品质提升，就是要关注产品品质，从优质良种、高新技术、产地环境、投入品和品质指标体系等方面着手，加快推进品质提升。品牌打造，就是要通过品牌建设提升产品的竞争力。培育知名品牌，加强品牌管理，培育品牌文化，提升品牌价值。标准化生产，就是要强化生产标准体系建设，推动现代农业全产业链标准化，按照"有标采标、无标创标、全程贯标"的要求，加快产地环境、投入品管控、农兽药残留、产品加工、储运保鲜、品牌打造、分等分级关键环节标准的制修订，推动建立现代农业全产业链标准体系，培育一批农业企业标准"领跑者"。

与旧版本相比，新的"三品一标"概念蕴含了农业全产业链的拓展增值空间，是新发展阶段农业生产全过程的行动指南。其重点关注了优良种质的创新攻关，加强提升产品品质，同时要强化品牌意识，树立产业链观念，从而实现优质优价，更好地促进产业提档升级、农民增收致富。

● 申请农产品地理标志应该满足哪些条件？

申请地理标志登记的农产品，应当符合下列条件：

1. 称谓由地理区域名称和农产品通用名称构成。
2. 产品有独特的品质特性或者特定的生产方式。
3. 产品品质和特色主要取决于独特的自然生态环境和人文历史因素。

4. 产品有限定的生产区域范围。

5. 产地环境、产品质量符合国家强制性技术规范要求。

农产品地理标志登记申请人应当为农民专业合作经济组织、行业协会等社团法人或者事业法人，农产品地理标志登记不接受政府、企业或个人的申请。申请人应具备下列条件：

1. 具有监督和管理农产品地理标志及其产品的能力。

2. 具有为地理标志农产品生产、加工、营销提供指导服务的能力。

3. 具有独立承担民事责任的能力。

● **如何申请农产品地理标志？**

符合农产品地理标志登记条件的申请人，可以向省级人民政府农业行政主管部门提出登记申请，并提交下列申请材料：

1. 登记申请书。

2. 申请人资质证明。

3. 产品典型特征特性描述和相应产品品质鉴定报告。

4. 产地环境条件、生产技术规范和产品质量安全技术规范。

5. 地域范围确定性文件和生产地域分布图。

6. 产品实物样品或者样品图片。

7. 其他必要的说明性或者证明性材料。

省级人民政府农业行政主管部门自受理农产品地理标志登记申请之日起，应当在45个工作日内完成对申请材料的初审和现场核查，并提出初审意见。符合条件的，将申请材料和初审意见报送农业农村部农产品质量安全中心；不符合条件的，应当自提出初审意见之日起10个工作日内将相关意见和建议通知申请人。

农业农村部农产品质量安全中心应当自收到申请材料和初审意见之日起20个工作日内，对申请材料进行审查，提出审查意见，并组织专家评审。专家评审工作由农产品地理标志登记专家评审委员会承担。农产品地理标志登记专家评审委员会应当独立作出评审结论，并对评审结论负责。

经专家评审通过的，由农业农村部农产品质量安全中心代表农业农村部对社会公示。有关单位和个人有异议的，应当自公示截止日起20日内向农业农村部农产品质量安全中心提出。公示无异议的，由农业农村部作出登记决定并公告，颁发《中华人民共和国农产品地理标志登记证书》，公布登记产品相关技术规范和标准。

专家评审没有通过的，由农业农村部作出不予登记的决定，书面通知申请人，并说明理由。

农产品地理标志登记证书长期有效。有下列情形之一的，登记证书持有人应当按照规定程序提出变更申请：

1. 登记证书持有人或者法定代表人发生变化的。
2. 地域范围或者相应自然生态环境发生变化的。

● 什么是质量认证？为什么要开展农产品质量安全认证？

质量认证，是指第三方依据程序对产品、过程或服务符合相关规定标准要求的给予书面证明，是依据程序开展的科学、规范、正规的由第三方从事的活动。质量认证的对象是产品时，叫作产品认证；质量认证的对象是质量体系（过程或服务）时，叫作体系认证。

我国农产品市场逐步完善，为国民经济的持续发展提供了基础保障。但是在农业经济快速发展的同时，农产品质量安全问题也逐渐突出，农产品质量安全直接关系到人民安全。农产品质量安全认证为社会和消费者提供参考依据和标准，有利于推动优质农产品的生产和加工，促进标准化生产，推进农业结构调整，提高农产品档次，增加农民收入；有利于保护农业生态环境，规范市场经济秩序，保护消费者利益；有利于提升政府质量监督管理水平，降低管理成本。

从企业角度，开展农产品质量安全认证，有利于提高农产品生产或者加工水平，使产品内在的品质信息外部化，提升企业的形象和品牌价值，增强农产品的市场竞争力。

● 我国的农产品质量安全认证有哪些？

我国的农产品质量安全认证开始于改革开放之后，当时强制性的认证工作对农产品质量安全起到了积极有效的作用。加入 WTO 之后，对农产品的质量要求有所提高，农产品进出口贸易增多，因此我国于 2002 年颁布了《关于加强认证认可工作的通知》，建立了强制认证和资源认证相结合的农产品质量认证制度，构建了全国统一标准的农产品质量认证体系框架。

我国目前的农产品质量认证种类较多，在农产品认证方面主要有无公害农产品产地认定、无公害农产品认证、绿色食品认证、有机食品认证和 QS 质量安全认证等；在体系认证方面主要有危害分析与关键控制点（HACCP）认证、食品良好生产规范（GMP）认证、卫生标准操作规范（SSOP）认证、中国良好农业规范（China GAP）认证、ISO 9000 体系认证等。

从趋势看，农产品质量认证正由原来的注重最终产品合格转向注重过程管理,要求从种植、养殖环节就开始规范、安全、可靠,实现农产品质量安全"从农场到餐桌"全过程控制。

◉ 什么是无公害农产品认证?

根据《无公害农产品管理办法》,无公害农产品认证分为产地认定和产品认证,产地认定由省级农业行政主管部门组织实施,产品认证由农业农村部农产品质量安全中心组织实施,获得无公害农产品产地认定证书的产品方可申请产品认证。无公害农产品的定位是保障基本安全、满足大众消费。

无公害农产品产地应当符合下列条件:

1. 产地环境符合无公害农产品产地环境的标准要求。

2. 区域范围明确。

3. 具备一定的生产规模。

无公害农产品的生产管理应当符合下列条件:

1. 生产过程符合无公害农产品生产技术的标准要求。

2. 有相应的专业技术和管理人员。

3. 有完善的质量控制措施,并有完整的生产和销售记录档案。

从事无公害农产品生产的单位或者个人,应当严格按规定使用农业投入品。禁止使用国家禁用、淘汰的农业投入品。

无公害农产品产地应当树立标示牌,标明范围、产品品种、责任人。

◉ 如何进行无公害农产品认证?

符合无公害农产品认证条件的单位和个人,向所在地县级农产品质量安全工作机构提交申请书和相关材料,申请进行无公害农产品产地认定和产品认证。

申请无公害农产品产地认定的书面申请应当包括以下内容:

1. 申请人的姓名(名称)、地址、电话号码。

2. 产地的区域范围、生产规模。

3. 无公害农产品生产计划。

4. 产地环境说明。

5. 无公害农产品质量控制措施。

6. 有关专业技术和管理人员的资质证明材料。

7. 保证执行无公害农产品标准和规范的声明。

8. 其他有关材料。

申请无公害农产品认证的书面申请应当包括以下内容:

1. 申请人的姓名(名称)、地址、电话号码。

2. 产品品种、产地的区域范围和生产规模。

3. 无公害农产品生产计划。

4. 产地环境说明。

5. 无公害农产品质量控制措施。

6. 有关专业技术和管理人员的资质证明材料。

7. 保证执行无公害农产品标准和规范的声明。

8. 无公害农产品产地认定证书。

9. 生产过程记录档案。

10. 认证机构要求提交的其他材料。

县级工作机构自收到申请之日起 10 个工作日内,完成对申请人申请材料的形式审查。符合要求的,报送地市级工作机构审查。

地市级工作机构自收到申请材料、县级工作机构推荐意见之日起 15 个工作日内（直辖市和计划单列市的地级工作合并到县级一并完成），对全套材料（申请材料和工作机构意见，下同）进行符合性审查。符合要求的，报送省级工作机构。

省级工作机构自收到申请材料及推荐、审查意见之日起 20 个工作日内，完成材料的初审工作，并组织或者委托地县两级有资质的检查员进行现场检查。通过初审的，报请省级农业行政主管部门颁发《无公害农产品产地认定证书》，同时将全套材料报送农业农村部农产品质量安全中心各专业分中心复审。

各专业分中心自收到申请材料及推荐、审查、初审意见之日起 20 个工作日内，完成认证申请的复审工作，必要时可实施现场核查。通过复审的，将全套材料报送农业农村部农产品质量安全中心审核处。

农业农村部农产品质量安全中心自收到申请材料及推荐、审查、初审、复审意见之日起 20 个工作日内，对全套材料进行形式审查，提出形式审查意见并组织无公害农产品认证专家进行终审。终审通过，符合颁证条件的，由农业农村部农产品质量安全中心颁发《无公害农产品证书》。

◉ 申请绿色食品认证需要哪些条件？

1. 申请人条件。申请人必须是企业法人，社会团体、民间组织、政府和行政机构等不可作为绿色食品的申请人。同时，还要求申请人具备以下条件：（1）具备绿色食品生产的环境条件和技术条件；（2）生产具备一定规模，具有较完善的质量管理体系和较强的抗风险能力；（3）加工企业须生产经营一年以上方可受理申请；（4）有下列情况之一者，不能作为申请人：a. 与中国绿色食品发展中心和省绿色食品办公室有经济或其他利益关系的；b. 可能引致消费者对产品来源产生误解或不信任的，如批发市场、粮库等；c. 纯属商业经营的企业，如百货大楼、超市等。

2. 申请认证产品条件：（1）按国家商标类别划分的第5、29、30、31、32、33类中的大多数产品均可申请认证；（2）以"食"或"健"字登记的新开发产品可以申请认证；（3）经国家卫健委公告既是药品也是食品的产品可以申请认证；（4）暂不受理油炸方便面、叶菜类酱菜（盐渍品）、火腿肠及作用机理不甚清楚的产品（如减肥茶）的申请；（5）绿色食品拒绝转基因技术。由转基因原料生产（饲养）加工的任何产品均不受理。

◉ 申请绿色食品认证需要哪些材料？

申请人向所在省绿色食品办公室提出认证申请时，应提交以下文件：

1. 绿色食品标志使用申请书。

2. 企业及生产情况调查表。

3. 保证执行绿色食品标准和规范的声明。

4. 生产操作规程（种植规程、养殖规程、加工规程）。

5. 公司对"基地＋农户"的质量控制体系（包括合同、基地图、基地和农户清单、管理制度）。

6. 产品执行标准。

7. 产品注册商标文本（复印件）。

8. 企业营业执照（复印件）。

9. 企业质量管理手册。

对于不同类型的申请企业，依据产品质量控制关键点和生产中投入品的使用情况，还应分别提交以下材料：

1. 矿泉水申请企业，提供卫生许可证、采矿许可证及专家评审意见复印件。

2. 野生采集的申请企业，提供当地政府为防止过度采摘、水土流失而制定的许可采集管理制度。

3. 屠宰企业提供屠宰许可证复印件。

4. 从国外引进农作物及蔬菜种子的，提供由国外生产商出具的非转基因种子证明文件原件及所用种衣剂种类和有效成分的证明材料。

5. 提供生产中所用农药、商品肥、兽药、消毒剂、渔用药、食品添加剂等投入品的产品标签原件。

6. 生产中使用商品预混料的，提供预混料产品标签原件及生产商生产许可证复印件；使用自产预混料（不对外销售），且养殖方式为集中饲养的，提供生产许可证复印件；使用自产预混料（不对外销售），但养殖管理方式为"公司+农户"的，提供生产许可证复印件、预混料批准文号及审批意见表复印件。

7. 外购绿色食品原料的，提供有效期为一年的购销合同和有效期为三年的供货协议，并提供绿色食品证书复印件及批次购买原料发票复印件。

8. 企业存在同时生产加工主原料相同和加工工艺相同（相近）的同类多系列产品或平行生产（同一产品同时存在绿色食品生产与非绿色食品生产）的，提供从原料基地、收购、加工、包装、储运、仓储、产品标识等环节的区别管理体系。

9. 原料（饲料）及辅料（包括添加剂）是绿色食品或达到绿色食品产品标准的相关证明材料。

10. 预包装产品，提供产品包装标签设计式样。

⦿ 认证委托人申请认定有机食品需要什么条件？

1. 取得国家市场监督管理部门或有关机构注册登记的法人资格。

2. 已取得相关法规规定的行政许可（适用时）。

3. 生产、加工的产品符合中华人民共和国相关法律、法规、安全卫生标准和有关规范的要求。

4. 建立和实施了文件化的有机产品管理体系，并有效运行3个月以上。

5. 申请认证的产品种类应在国家认证认可监督管理委员会公布的《有机产品认证目录》内。

6. 在5年内未因下列原因，被认证机构撤销认证证书：（1）获证产品质量不符合国家相关法规、标准强制要求或者被检出禁用物质的；（2）生产、加工过程中使用了有机产品国家标准禁用物质或者受到禁用物质污染的；（3）虚报、瞒报获证所需信息的；（4）超范围使用认证标志的。

7. 在一年内未因以下原因，被认证机构撤销认证证书：（1）产地（基地）环境质量不符合认证要求的；（2）认证证书暂停期间，认证委托人未采取有效纠正或者（和）纠正措施的；（3）获证产品在认证证书标明的生产、加工场所外进行了再次加工、分装、分割的；（4）对相关方重大投诉未能采取有效处理措施的；（5）获证组织因违反国家农产品、食品安全管理相关法律法规，受到相关行政处罚的；（6）获证组织不接受认证监管部门、认证机构对其实施监督的；（7）认证监管部门责令撤销认证证书的。

◉ **申请认定有机食品需要哪些材料？**

有机产品生产、加工单位和个人或者其代理人，可以自愿向有机产品认证机构提出有机产品认证申请。申请时，应当提交下列书面材料：

1. 申请人名称、地址和联系方式。
2. 产品产地（基地）区域范围，生产、加工规模。
3. 产品生产、加工或者销售计划。
4. 产地（基地）、加工或者销售场所的环境说明。
5. 符合有机产品生产、加工要求的质量管理体系文件。
6. 有关专业技术和管理人员的资质证明材料。
7. 保证执行有机产品标准、技术规范和其他特殊要求的声明。
8. 其他材料。

申请人不是有机产品的直接生产者或者加工者的，还应当提供其与有机产品的生产者或者加工者签订的书面合同。

◉ **危害分析与关键点（HACCP）认证具体指什么？**

HACCP是确保食品在生产、加工、制造、准备和食用等过程中的安全，在危害识别、评价和控制方面是一种方法，能够识别食品生产过程中可能发生的问题并采取适当的控制措施防止危害的发生；通过对加工过程的每一步进行监视和控制，从而降低危害发生的概率。

企业申请HACCP认证必须要选择经国家认可的、具备资格和资深专业背景的第三方认证机构。在我国，认证认可工作由国家认证认可监督管理委员会统一管理，其下属机构——中国合格评定国家认可委员会负责HACCP认证机构认可工作的实施，企业应该选择经过中国合格评定国家认可委员会（CNAS）认可的认证机构从事HACCP的认证工作。认证机构将对申请方提供的认证申请书、文件资料、双方约定的审核依据等内容进行评估。认证机构将根据自身专业资源及中国国家认证机构认可委员会（CNAB）授权的审核业务范围决定受理企业的申请，并与申请方签署认证合同。在认证机构受理企业申请后，申请企业提交与HACCP体系相关的程序文件和资料，例如：危害分析、HACCP计划表、确定关键控制点（CCP）的科学依据、厂区平面图、生产工艺流程图、车间布局图等。申请企业还应声明已充分运行了HACCP体系。认证机构对企业提供的所有资料和信息负有保密责任。认证费将根据企业规模、认证产品的品种、工艺、安全风险及审核所需人天数，按照CNAB制定的标准计费。

HACCP体系的审核过程分为两个阶段。第一阶段是进行文件审核，包括SSOP计划、GMP程序、员工培训计划、设备保养计划、HACCP计划等。这一阶段的评审一般需要在申请方的现场进行，以便审核组收集更多的必要信息。审核组根据收集的信息资料将进行独立的危害分析，在此基础上同申请方达成关键控制点（CCP）判定眼光的一致。审核小组将听取申请方有关信息的反馈，并与申请方就第二阶段的审核细节达成一致。第二阶段审核必须在审核方的现场进行。审核组将主要评价 HACCP 体系、GMP 或 SSOP 的适宜性、符合性、有效性。其中会对 HACCP 的监控、纠正措施、验证、监控人员的培训教育，以及在新的危害产生时体系是否能自觉地进行危害分析并有效控制等方面给予特别的注意。

现场审核结束，审核小组将根据审核情况向申请方提交不符合项报告，申请方应在规定时间内采取有效纠正措施，并经审核小组验证后关闭不符合项，同时，审核小组将最终审核结果提交认证机构作出认证决定，认证机构将向申请人颁发认证证书。

● 什么是食品良好生产规范（GMP）认证？

食品良好生产规范是为保障食品安全而制定的贯穿食品生产全过程的措施、方法和技术要求，也是一种注重制造过程中产品质量和安全卫生的自主性管理制度。良好生产规范在食品中的应用，主要解决食品生产中的质量问题和安全卫生问题。要求食品生产企业应具有良好的生产设备、合理的生产过程、完善的卫生与质量标准和严格的检测系统，以确保食品的安全性和质量符合标准。

GMP 是对生产企业及管理人员的行为实行有效控制和制约的措施，它体现如下基本原则：

1. 食品生产企业必须有足够的资历，有与合格的生产食品规范相适应的技术人员承担食品生产和质量管理，并清楚地了解自己的职责。

2. 对操作者应进行培训，以便正确地按照规程操作。

3. 按照规范化工艺规程进行生产。

4. 确保生产厂房、环境、生产设备符合卫生要求，并保持良好的生产状态。

5. 使用符合规定的物料、包装容器和标签。

6. 具备合适的储存、运输等设备条件。

7. 具有全生产过程严密并有效的质检和管理措施。

8. 具有合格的质量检验人员、设备和实验室。

9. 应对生产加工的关键步骤和加工发生的重要变化进行检验。

10. 生产中使用手工或记录仪进行生产记录,以证明所有生产步骤是按确定的规程和指令要求进行的,产品达到预期的数量和质量要求,出现的任何偏差都应记录并做好检查。

11. 保存生产记录及销售记录,以便根据这些记录追溯各批产品的全部历史。

12. 将产品储存和销售中影响质量的危险性降至最低限度。

13. 建立由销售和供应渠道收回任何一批产品的有效系统。

14. 了解市售产品的用户意见,调查出现质量问题的原因,提出处理意见。

食品 GMP 认证的一般工作程序包括申请受理、资料审查、现场勘验评审、产品抽验、认证公示、颁发证书、跟踪考核等步骤。食品企业递交申请书,申请书包括产品类别、名称、成分规格、包装形式、质量、性能,并附公司注册登记证复印件、工厂厂房配置图、机械设备配置图、技术人员学历证书和培训证书等。同时食品企业还应提供质量管理标准书、制造作业标准、卫生管理标准书、顾客投诉处理办法和成品回收制度等技术性文件。

● 什么是卫生标准操作规范认证（SSOP）？

SSOP 是食品生产企业在卫生环境和加工要求等方面须实施的具体程序，是食品生产企业明确在食品生产中如何做到清洗、消毒、卫生保持的指导性文件。

SSOP 的基本内容包括：水和冰的安全，食品接触表面的卫生，防止交叉污染，洗手、手消毒和卫生设施的维护，防止外来污染物造成的掺杂，化学物品的标识、存储和使用，雇员的健康状况，昆虫与鼠类的扑灭及控制。

● 什么是中国良好农业规范（China GAP）认证？

良好农业规范（GAP）是一种适用方法和体系，通过经济的、环境的和社会的可持续发展措施，来保障食品安全和食品质量。GAP 主要针对未加工和最简单加工（生的）出售给消费者和加工企业的大多数果蔬的种植、采收、清洗、摆放、包装和运输过程中常见的微生物的危害控制，其关注的是新鲜果蔬的生产和包装，但不限于农场，包含了从农场到餐桌的整个食品链的所有步骤。

我国加入世界贸易组织之后，GAP 认证成为农产品进出口的一个重要条件，通过 GAP 认证的产品将在国内外市场上具有更强的竞争力。通过 GAP 认证，能够提升农业生产的标准化水平，有利于提高农产品的内在品质和安全水平，有利于增强消费者的消费信心。通过 GAP 认证的产品，其销售价格高于非认证的同类产品，因此，通过 GAP 认证可以提升产品的附加值，从而增加认证企业和生产者的收入。通过 GAP 认证，有利于增强生产者的安全意识和环保意识，有利于农业的可持续发展。

◉ 各地应如何推进农业生产"三品一标"行动？

一是加强顶层设计，围绕农产品绿色化、特色化和品牌化水平，明确增加绿色优质农产品生产和供给的实现路径。建立清单细化任务，明确职责分工，细化到执行部门，落地到重点区域。

二是推进育种创新。粮食生产区组织开展区域主导粮食作物与特色自主品种的培育和品种推广，实现品种更新换代；畜禽养殖区要研究遗传改良的目标任务和技术路线，建设畜禽核心育种场、良种扩繁推广基地，开展技术攻关。

三是聚集资源要素。创建标准化示范基地和示范园区，推进标准的集成应用，发挥示范引领和辐射带动作用。协调绿色发展、乡村产业、良种繁育、质量安全等项目资金，对推行农业生产"三品一标"的重点区域和经营主体予以倾斜支持。创新金融服务，引导社会资本增加投入。

四是强化主体带动。推动区域内重点农业产业化龙头企业、农民合作社、家庭农场参与"三品一标"认定，建设绿色食品原料标准化生产基地。鼓励参与优势产品质量标准体系研究和建设，提升产品质量和品牌形象。鼓励新型农业经营主体带动农户按标生产，形成带动效应。

◉ 各地推进农业生产新"三品一标"的发展模式有哪些？

2021年以来，各地按照中央部署，因地制宜，聚焦重点，初步探索形成了一批农业生产新"三品一标"的发展模式。

从省级层面，主要有以下模式可以借鉴：

1. 技术支撑模式。如，福建省依托粮食产区增产模式攻关与推广、农业产业强镇等项目，集成推广新品种、新技术、新肥料、新农药、新机具等农业"五新"，大力推广叠盘暗化育秧、测土配方施肥、绿色防控等提质增效技术，推进良种良法配套、农机农艺融合，实现"无化学肥料、无化学农药"生产，有效提升茶叶、蔬菜等农产品品质；再如，北京市强化基因组学、生物信息等新技术应用，全市 5% 的农作物完成全基因组深度鉴定，24% 以上的农作物构建了 DNA 指纹数据库，农作物性状在短期内得到快速改良。

2. 金融带动模式。如，山东省创新"强村贷""惠农 e 贷"等金融产品，借助"信贷直通车"活动，推动资金投向农业生产"三品一标"关键领域和薄弱环节。

3. 品牌引领模式。如，甘肃省探索创新"省级'甘味'公用品牌＋市县区域公用品牌＋企业商标品牌"品牌营销模式，推广 VR、短视频、直播带货等数字化营销，扩大"甘味"系列农产品品牌影响力，引领农业生产"三品一标"在全省铺开。

从县级层面，有以下案例可以借鉴：

1. 以品质为核心的发展模式。江苏省射阳县以射阳大米为主导产品，推动"三品一标"，主要做法包括：一是培优品种提品质。与江苏省农科院共建射阳大米产业研究院，建立射阳大米新品种"育、繁、推"一体化示范基地、繁育基地，开展高品质优良食味专用品种培育。二是规范管理强品质。在全国率先成立县级大米产业协会，先后制定了江苏省地方标准《地理标志产品 射阳大米》、团体标准《射阳大米稻谷栽培技术规程》等高于国家标准的稻米生产加工各环节标准化技术规程。建立标准化生产模式，明确申请使用"射阳大米"商标必须符合产地、品质、质量、安全要求。三是培育品牌促品质。成立射阳大米集团,成功创建国家级农业产业化龙头企业,积极推动射阳大米品牌建设工作。强化宣传推介,讲述品牌故事,全方位多层次培育品牌。四是净化市场保品质。当地政府先后制定出台《射阳优质稻米产业发展规划》《射阳大米产业健康发展实施意见》等政策文件,采取堵源头、净窗口、市场检查、司法维权等方式强化市场监管,遏制射阳大米制假售假。

2. 以"四化"为引领的发展模式。湖北省咸丰县围绕茶产业发展,从引种试验入手培优品种,按标准化种植建设绿色基地,工业化生产提升品质,破解茶产业"低产低效"问题,探索出一条茶树良种化、茶园生态化、生产标准化、产品品牌化的茶产业高质量发展路子。主要做法包括:一是聚焦政策促动,推进"三品一标"建设。咸丰县政府印发《咸丰县农业生产"三品一标"提升行动实施方案》,发布《咸丰县茶叶产业发展"十四五"规划》《咸丰县茶叶特色优势区发展规划》《"咸丰唐崖茶"区域公共品牌推介方案》等政策文件,形成政府搭台,企业、农户参与,多方协调推动"三品一标"工作落实的格局。二是聚焦绿色发展,加强科技创新。引进并不断改良适合当地气候条件的"白叶一号",建成优质白茶基地13万亩。推广"茶—沼—畜""有机肥+测土配方肥""有机肥+水肥一体化""自然生草+绿肥""有机肥+机械深施"等模式,全县茶叶基地实现绿色防控全覆盖。三是聚焦主体培育,推动标准化生产。从技改扩能、市场拓展等多方面扶持培育龙头企业。采取"公司+基地+农户"模式,紧抓茶园标准化建设,带动农户标准化生产,按照唐崖白茶、绿茶、红茶团体标准和生产技术规程,统一进行茶园肥药管理、采摘,实现标准化生产、加工、营销。四是聚焦品牌创建，强化市场拉动。充分挖掘茶诗、茶歌、茶戏等茶文化，创建"唐崖茶"区域公共品牌。建设唐崖茶市，完善销售体系。

◉ 什么是农产品品牌建设？为什么要进行农产品品牌建设？

农产品品牌建设，是指农产品品牌建设主体对农产品的品牌进行规划、创立、培育和扩张的行为过程。

农产品品牌建设可以促进农村经济的发展，有利于形成较好的市场机制，有效促进生产要素资源和消费品资源按照市场化原则进行流动。品牌建设将生产领域和消费领域的市场机制有效结合起来，通过建设优质农产品品牌实现社会资源的优化配置。通过发挥农产品的品牌效应，增强农业产区和农产品的竞争力，进而带动周边地区的整体竞争力，促进农业和农村经济的发展。

农产品品牌建设有利于增加农民收入水平。品牌建设推动了订单生产，鼓励农户根据自身条件签订订单，并有计划地安排农产品生产，从而确保农产品销售的稳定，规避市场风险。在没有品牌的情况下，即使投入巨大的推介成本也难以赢得较多的消费者，但若采取品牌策略，则可以通过品牌将农产品信息传递给消费者，达到降低推介成本、增加销售的目的。成功的品牌建设在凝聚忠诚消费者的同时又吸引着新的消费者，通过品牌宣传，扩大声誉，带给农产品价值以外的附加价值，带来销售量的增长和利润的增加，从而可以增加农民收入，促进"三农"问题的解决。

农产品品牌建设有利于满足消费者需求。品牌建设可以促进产品质量、包装广告等方面的规范，为消费者选购农产品提供相应的品牌信息，有效解决农产品市场信息不对称的问题。消费者通过品牌进行信息收集，降低了选择成本，提高了购买效率。此外，农产品生产者为了树立品牌形象和声誉，也会保证农产品品质，从而维护消费者的利益。

农产品品牌建设有利于促进政府管理目标的实现。通过对农产品品牌的维护，保证农产品质量，保障消费者利益，增加农民收入，提高农业整体发展水平，实现政府的管理目标，提升我国政府和农产品国家品牌的国际地位。

● 目前农产品品牌建设存在哪些问题？

1. 品牌内涵建设不足。农产品的生产者在农业发展项目中没有依托当地的资源优势，展现地域差异，发展特色农业。品牌的创建没有加入特色文化，对农产品品牌文化内涵的研究挖掘和建设不足。农产品品牌名称简单，商标的宣传和应用有限，缺乏宏观统一的规划和指导。

2. 品牌传播渠道单一。农产品的营销观念仍然比较传统，还停留在"生产者—批发商—零售商—消费者"的传统模式，因此品牌的传播途径非常单一，品牌空间狭小。随着市场经济的发展，传统的、单一的品牌传播渠道已经不能适应农产品品牌的建设和发展。

3. 地区品牌缺乏整合。农产品品牌大多产业零散，单个农户或者中小企业的小规模不利于农产品品牌形象的树立。农产品附加值低，专业化水平和技术水平较低，行业集中度和品牌集中度不高，容易导致农产品质量参差不齐。

4. 品牌质量和信任度不高。市场上有些农产品的产品质量和品牌质量不高，在安全性等方面缺乏保障，消费者对品牌标识和是否符合质量安全标准方面难以分辨。农产品精深加工的能力不足，附加值较低，缺少高端农产品品牌。

◉ 怎样建设农产品品牌？

1. 明确品牌定位，增强品牌意识。农业生产经营者要积极进行商标和专利的申报及注册登记，遵循品牌建设规律，重视地理标志的申请和保护，增强商标意识。区域品牌的定位要从当地的实际出发，在当地特色文化的基础上建立品牌定位。品牌定位要坚持优势性、独特性、创造性原则，挖掘优势资源和特色风情，蕴含地理特征和人文历史。同时要兼顾消费者群体的文化背景和审美情趣，根据目标客户的期望建立良好的品牌形象，通过区别竞争者品牌引导顾客关注。

2. 开展产业化经营，增强规模效应。加长产业链，将分散的农户同市场需求联系起来，走规模化和标准化之路，促进农产品的市场化运作，降低分散农户的风险程度，提升农产品的附加价值，树立良好的品牌形象。依托产业聚集获取农产品品牌聚集效应，围绕特色条件、主导产业进行种植、养殖，形成较强的产业竞争力。通过产业集群的聚集性，突出地方农产品特色，建立统一形象，增强农产品的市场竞争力。

3. 提高产品质量，完善质量安全体系。要不断更新农业技术，采用科学管理方法，实现标准化生产，打好农产品品牌建设的基础。积极引进农业科技人才，促进技术创新，加大科技投入，主动对接农业高新科技项目成果，开发高科技含量产品，保持农产品的名优品质和市场活力。完善农产品基础设施建设，实现农产品质量的维护和保障。同时，健全农产品的标准化体系建设，通过标准化生产和质量监管保障农产品品牌的品质，在此基础上保证农产品品牌的竞争实力。

4.加大品牌宣传力度，重视农产品的认证工作。通过报刊、广播、电视、网络等媒介加强农产品品牌建设的相关政策和法规的宣传，积极参加各类展示展销活动，宣传品牌建设的典型经验和做法，形成农产品品牌建设的良好氛围，增强市场服务功能，提高品牌农产品的辐射范围。同时，严格农产品质量标准，对农产品的质量状况进行评价和认证，确立优质名牌产品的身份。

● 如何推动乡村特色产业品牌化发展？

一是注重精品打造。"精品"的载体是产品，是相对人们需求的价值综合，是人的智慧、工艺、品质的综合体现。要做好"精品"化的乡村特色产业，需要在产业创新、公共资源配置、产品制造及服务方面展现与植入精品元素。健全产品质量标准体系，以贯标促提质，对照国际标准、国家标准，加快制订地方标准。推进农产品质量安全追溯体系建设。

二是建设特定市场。要依据乡村特色自然资源禀赋与人文资源特色，面向特定市场，确定服务对象，分析对象需求，把握需求发展趋势，制定出面向市场的产品方案与市场运营方案，通过市场活动来创建品牌。

三是构建品牌体系。充分发挥公共品牌、产业品牌、产品品牌的集群优势，以品牌集群优势，推动乡村特色产业的持续发展。将特色产品与产地标识紧密结合打造地标品牌，鼓励具有鲜明地域特色的产品申报中国地理标志证明商标、国家地理标志保护产品等认证。

四是培育品牌化主体。推动特色农产品优势区、现代农业园区建设。培育壮大乡村特色产业龙头企业，引导龙头企业与农民合作社、家庭农场和普通农户等紧密合作。同时，加强乡村特色产业人才培养，比如乡村能工巧匠、乡村传统工艺传承人、乡村特色产业创业创新带头人等。

第六编 产业创新发展

● 乡村产业创新发展涵盖哪些方面？

创新是产业持续发展的不竭动力，发展乡村产业，必须要形成与时俱进的创新格局，既注重不同业态的交叉融合，也注重各种模式的创新发展，还要注重依靠技术创新推动产业发展。

一是业态创新。拓宽乡村产业发展业态。创新发展乡村休闲旅游业，鼓励农村集体经济组织创办乡村旅游合作社，或与社会资本联办乡村旅游企业。加快发展农村电商产业，建立健全适应农产品电商发展的标准体系，支持农产品电商平台和乡村电商服务站点建设，鼓励新型农业经营主体、加工流通企业与电商企业全面对接融合，发展电商产业园，推动线上线下互动发展。发展现代食品产业，引导加工企业向主产区、优势产区、产业园区集中。加大食品加工业技术改造支持力度，在优势农产品产地打造食品加工产业集群，推进传统主食工业化、规模化生产。加强产业综合配套，完善包装、物流、仓储、餐饮等产业，既发展与农村相关的产业，也引导城市的互联网产业、创意产业等在农村地区扎根落户。

二是模式创新。结合本地资源禀赋和产业基础确定如何培育多元融合主体，如何发展多类型融合业态，延长农业产业链、保障农业供给链、提升农业价值链、完善农业利益链、拓展农业生态链。发掘产业历史文化，选择和发展有利于发挥自身优势的特色产业，推进规模化、专业化、标准化生产，发展一大批优质专用、特色明显、附加值高的主导产品，做大做强区域公用品牌。完善农产品市场体系，改造完善农产品流通体系，完善仓储、冷链等基础设施条件，打造农产品营销公共服务平台，推广农社农企等形式的产销对接。创建现代特色产业园，围绕有基础、有特色、有潜力的产业，创建一批带动农民能力强的现代农业产业园。

三是技术创新。在乡村产业发展过程中，要高度重视创新技术的应用。重点结合数字技术的发展推动乡村产业数字化。强化技术集成应用与示范，推广一批典型模式和范例，全面提升农业农村生产智能化、经营网络化、管理高效化、服务便捷化水平。以乡村产业发展需求为导向，推动形成产学研紧密结合的农业科技创新体系，促进科技与产业深度融合。

本编内容将以技术创新为主，同时适当兼顾技术创新与业态创新和模式创新的融合。

● 国家对乡村产业创新发展的方针是什么？背景如何？

党的十八大以来，党和国家高度重视科技创新，并在农业农村领域也做出了部署。中共中央、国务院《关于全面推进乡村振兴加快农业农村现代化的意见》指出，深入开展乡村振兴科技支撑行动。充分发挥科技创新在"三农"工作中的支撑引领作用，使其成为推进乡村产业发展、加快农业农村现代化的重要力量。《乡村振兴促进法》第十六条提出，国家采取措施加强农业科技创新，培育创新主体，构建以企业为主体、产学研协同的创新机制，强化高等学校、科研机构、农业企业创新能力，建立创新平台，加强新品种、新技术、新装备、新产品研发，加强农业知识产权保护，推进生物种业、智慧农业、设施农业、农产品加工、绿色农业投入品等领域创新，建设现代农业产业技术体系，推动农业农村创新驱动发展。国家健全农业科研项目评审、人才评价、成果产权保护制度，保障对农业科技基础性、公益性研究的投入，激发农业科技人员创新积极性。

国家推动以农业为核心的乡村产业创新发展，主要源于下述背景：从供给侧看，一是我国农业创新发展还存在明显短板和差距。在核心关键技术创新上，还缺乏节本增效、质量安全、绿色环保等方面的新技术装备；在农业生物技术、工程技术、信息技术等前沿领域，与发达国家还有一定差距。二是农业科技创新创业人才队伍与实际需求和竞争需要不相适应，具有国际影响力的领军人才不多，农业实用型人才队伍建设滞后。从需求侧看，农业农村高质量发展，需要将创新作为第一动力。传统产业改造、新兴产业发展、产业结构调整、提升产业链供应链水平，都需要依靠创新支撑。

⦿ 农业创新发展的主体有哪些？如何加快创新主体培育和发展？

农业创新发展的主体主要包括农业龙头企业、新型农业经营主体、农业科研机构和农业高等院校等，各主体之间相互合作，形成协同参与的创新发展格局。近年来，各主体创新发展能力不断增强，研发人员数量不断增加，研发投入呈逐年提高的趋势。

加快创新主体培育和发展，应从以下方面着力：一是建立以企业为主体的创新机制。企业是农业现代化的直接参与者，以企业为主体创新农业技术引领发展，有利于与农业农村发展实际需求相结合，有效集成资金、人才等要素；推动科技成果与产业相结合，尽快将科技成果转化为生产力。二是建立产学研协同创新机制，健全专业化、市场化技术服务和中介服务体系建设，强化各科研主体之间的有机联系和互动。三是建立创新平台和载体，形成多主体创新发展的生态系统。在现代农业产业园、农业科技园、乡村产业集聚区等载体中，建立开放型创新平台，形成创新要素与产业发展融合的高地。

● 现阶段我国农业创新发展的重点领域是什么？

一是新品种研发。通过杂种优势利用、分子设计育种、高效制繁种等关键技术研究，培育突破性新品种，保障国家种业安全。

二是新技术应用。推动5G、物联网、大数据、云计算、卫星导航技术在农业机械装备中的应用，打造智慧农业。

三是新装备发展。加快农业机械的自动化、信息化和智能化发展，提升农业生产机械化程度、设施化水平。

四是新产品开发。拓展农产品精深加工，提升加工水平，延伸产业链条，提升综合价值。

五是新场景营造。通过将种植、养殖业与文化、旅游等的融合，营造新的业态发展场景；通过短视频、直播电商等创新方式，营造农产品营销场景。

● 什么是现代农业产业技术体系？

现代农业产业技术体系是在党的十八大之后，由农业农村部和财政部等共同组织建设的，以打造国家农业科技战略力量、推动产学研深度融合为宗旨的体系。体系以农产品为单元，以产业为主线，建设从产地到餐桌、从生产到消费、从研发到市场，各个环节紧密衔接、环环相扣，服务国家目标的主要农产品产业技术体系，稳定支持2700多名专家学者围绕农业产业开展技术攻关、集成示范和应急服务。

我国农业技术推广体系的发展现状如何？怎样加强农业技术推广体系建设？

创新发展的成果必须通过及时推广才能得到应用。多年来，我国坚持发展农业技术推广体系，取得显著成效。一是通过实行"县管"或"县乡共管、以县为主"的管理体制，推行农技人员"包村联户"工作机制，建立"专家—农技人员—科技示范户"服务模式，形成了基层农业技术推广服务网络。二是通过建立科研成果技术转移服务中心、引导科研机构到农村建立试验示范基地、开展技术培训和指导服务，实行科技特派员制度，推广应用了稻田综合种养、小麦"一喷三防"、玉米深松深翻、奶牛饲料高效利用、深海网箱养殖、油茶丰产栽培等一大批新技术、新模式，产生巨大经济社会效益。

但是，目前我国农业技术推广体系建设还存在一些问题。一是大量农业技术成果并没有落地到实际生产作业中，农技推广最后一公里还缺乏有效的体制机制；二是部分基层农技机构职能弱化，人员专业能力不强，普遍存在年龄偏大、学历不高、缺乏系统性培训等问题。

着眼推动乡村产业振兴，加强农业技术推广体系建设，一要完善"一主多元"的农业技术推广体系，在支持公益性机构承担推广服务的同时，鼓励和支持经营性机构发展。二要调动科研机构和科研人员开展技术推广的积极性。将农业技术推广情况作为科研机构考核、科研人员职称评定的重要依据，完善技术入股等科研成果推广收益分享机制，激励科研成果的转化推广应用。

什么是农业机械化？我国农业机械化发展的政策举措有哪些？

农业机械化，是指运用先进、适用的农业机械装备进行农业生产，改善农业生产经营条件，从而提高农业的生产技术水平、生产效率和经济效益的过程。

国家高度重视农业机械化发展。2004年，十届全国人大第十次会议通过了《农业机械化促进法》，鼓励、支持农民和农业生产经营组织使用农业机械，发展现代农业。2018年，国务院发布《关于加快推进农业机械化和农机装备产业转型升级的指导意见》，对农业机械化的发展目标做出了规划。

根据上述法律和文件，县级以上人民政府应当把推进农业机械化纳入国民经济和社会发展计划，采取财政支持、税收优惠、金融扶持等政策，加大对农业机械化的资金投入，提升农业机械化程度。在农业机械生产研发方面，一是政府组织重要农业机械研发。省级以上人民政府及其有关部门组织采取技术攻关、试验、示范等措施，促进基础性、关键性、公益性农业机械科学研究。二是支持科研机构加强研发。三是支持农业机械生产企业开发先进适用的农业机械。在农业机械应用推广方面，国家通过在不同的农业区域建立农业机械化示范基地、发布国家支持推广的农业机械产品目录、发放农机购置补贴等形式，加快农业机械推广应用。

我国推进农业机械化的重点有哪些？

一是推进主要农作物生产全程机械化。目前，我国水稻、玉米、小麦的机械化生产水平已相对较高，下一步应重点提升马铃薯种植和收获、棉花采摘、油菜种植和收获、花生收获、甘蔗收获、植保、化肥深施等方面的机械化水平。

二是提升部分领域装备水平短板。我国林草业、畜牧业、渔业和农产品加工业的综合机械化率还不足 40%，一些领域和生产环节还存在"无机可用"的状态；南方地区约占国土面积三分之二的丘陵、山区的中小型农业机械研发、推广滞后。这些领域具有巨大发展潜力。

三是推动农机农艺融合。改革农业生产方式，推进品种、耕作方式、种植制度、养殖方式、加工等方面的"宜机化"，构建融合发展的机械化作业体系。

四是推动机械化信息化融合。将互联网、物联网、大数据、智能控制、卫星导航等信息及时应用于农机生产、服务与管理，全面提升农机制造、产品、服务、管理质量和水平。

五是加大农机人才培养力度。建设农机实训基地，加强农业机械化专业人才培养，促使农机人才理论与实践结合，增强农机开发利用实用性。

● 什么是设施农业？设施农业有什么特点？

设施农业，是指利用新型生产设备、现代农业工程技术、管理技术来调控温室、塑料大棚等保护设施内的温、光、水、土、气、肥等环境参数因子，对动植物的生长发育环境进行整体或局部范围的改善，使动植物生长不受或很少受自然条件制约，在有限的土地上投入较少的劳动力，建立动植物周年连续生产系统，实现动植物高效优质生产的一种现代农业生产方式，是属于生产可反时令性、生产可类型多样化的高投入、高产出、高效益产业。在美国，"设施农业"被称为"可控环境农业"，在欧洲及日本等则称为"设施农业"，在我国曾使用过"工厂化农业"的概念，这些名称只是在文字表达上有所不同，但其实质内涵是一致的。

按照产业类别，设施农业一般包含设施种植、设施养殖等细分产业。按照设施类型，设施农业包括塑料大棚（含中小拱棚）和玻璃温室两类。

设施农业具有以下特点：一是突破时空限制。从时间上看，作物生长受地区资源禀赋、气温、光照等条件影响，有相对固定的生长周期，设施农业在一定程度上突破了农业生产的自然条件限制，实现时不分四季、地不分南北，促进了农产品周年供应，是"菜篮子"产品季节性均衡供应的重要保障。从品种来看，设施农业不仅大面积用于蔬菜、水果、花卉等园艺作物，也越来越多地用于水产养殖、畜牧养殖等领域，对于提供优质蛋白也发挥了重要的作用。二是生产集约高效。设施农业的亩均收益是大田作物的20倍以上、露地园艺作物的4—5倍。以设施黄瓜为例，其亩均产量、产值、利润分别是露地黄瓜的1.67倍、2.24倍和2.86倍；设施茄子亩均产量、产值、利润分别是露地茄子的1.13倍、2.36倍和3.05倍。从资源节约利用的角度来看，我国设施园艺产业产值超过1.4万亿元，占园艺总产值2/5以上，占农业总产值1/4以上，占农牧渔业总产值1/8以上，用不足3%的耕地，生产出种植业总产值25.3%的产品。此外，由于采取集约化生产，设施农业在节水、节能、节肥、节药等方面也具有显著优势，生态效益明显。三是应用场景丰富。设施农业越来越多地应用于水产、畜禽养殖领域。在水产养殖方面，近年来我国在大型桁架类网箱和养殖工船两类养殖设施装备上发展势头迅猛，通过发展深远海养殖，拓展了"海上粮仓"，例如我国2022年建成投产的"国信1号"养殖工船总长约250米，养殖水体8万立方米，仅此一艘船就相当于半个查干湖的年捕捞量。在畜禽养殖方面，一座4层的楼房猪场占地约为90亩，可容纳5000头母猪。

● 我国设施农业的发展前景如何？

设施农业在我国具有巨大发展潜力，这是由我国的基本国情和发展趋势决定的。一方面，我国是人口大国，耕地资源有限，且有严格的用途管制，2022年中央一号文件明确提出"永久基本农田重点用于粮食生产，高标准农田原则上全部用于粮食生产"，党的二十大报告提出"逐步把永久基本农田全部建成高标准农田"，这意味着耕地将越来越多地用于保障粮食的供给。因此，从空间上看，可用于生产非粮食类产品的增量面积几乎没有，必须通过发展设施农业，提高土地产出率，增加果蔬菌和肉蛋奶等农产品的供给。设施农业将在空间、时间、品种上弥合食物供需的矛盾。另一方面，随着经济的发展，我国人均GDP已经超过1万美元，达到中等收入水平，人们对食物数量、质量、多样的需求都将提高，结构也将发生变化，主食的直接消费将减少，水果、蔬菜、优质蛋白的需求将增加。可以说，居民食物消费需求更加丰富多样，已由"吃得饱"向"吃得好"转变。习近平总书记指出，老百姓的食物需求更加多样化了，这就要求我们转变观念，树立大农业观、大食物观，向耕地草原森林海洋、向植物动物微生物要热量、要蛋白，全方位多途径开发食物资源。党的二十大报告明确提出"树立大食物观，发展设施农业，构建多元化食物供给体系"。可以说,发展设施农业是深挖食物供给潜力的必然选择。

◉ 如何加快发展设施农业?

改革开放以来,我国设施农业取得巨大发展。据统计,20世纪70年代,我国设施农业面积仅为0.7万公顷;到20世纪末,我国设施农业面积达到86.7万公顷,绝对面积跃居世界第一。党的十八大以来,我国设施农业进一步快速发育。数据显示,我国仅设施园艺作物面积就超过4200万亩,占世界设施农业总面积的80%以上。在种植结构上,蔬菜(含食用菌)占据了设施总面积的八成,其余主要是果树和花卉,为每个国人贡献了接近200公斤的蔬菜和超过30公斤的瓜果。

但是,对比发达农业经济体,我国设施农业在技术、工艺、自动化与智能化程度等方面都还有差距,需要采取措施,加快发展和提升。

从发展重点上,一是推动设施装备现代化。利用大数据、人工智能、物联网等现代信息技术,改造提升现有种植养殖设施,新建智能温室、新型保暖大棚等节能节地环保设施,建设植物工厂、数字牧场、智慧渔场,提升设施产品供给能力。二是推动设施品种多样化。依托作物良种生产基地,因地制宜培育设施蔬菜、瓜果、食用菌等特色品种,加大适宜设施栽培的品种开发和保护力度,不断丰富设施品种类型。三是推进产业集群化。按不同农业生态类型、产业基础条件、产品市场需求,合理规划设施农业发展布局,建成一批产业集群发展、先进要素集聚、产业链条完整、供给能力强劲的现代设施农业产业带。探索利用戈壁、荒漠等非耕地资源，发展戈壁农业，丰富农业业态，拓展产业空间。

从发展政策上，逐步建立起设施农业管理制度和政策扶持措施，如设施用地、财政投入、信贷、保险、应急救助等政策。发挥有为政府和有效市场的作用，以更大的财政资金投入力度引导和撬动更多社会资本进入，形成多元化投入格局；加大智能化、绿色化设施农业机械和装备的研发推广力度，进一步提高设施农业的经济效益和生态效益；加大基础设施建设，支持田头预冷、分级包装、贮运保鲜等冷链设施建设，为设施农业发展提供良好的外部环境。

从人才培育上，加大设施农业从业人员培训力度。鼓励各类涉农科研高校、职业教育学校大力培养设施农业人才，按照现代设施农业生产经营要求，建立设施农业技术装备示范基地、生产管理和系统操作实训基地、委托培养或联合培养人才孵化基地，为建立和完善设施农业新技术、新装备推广服务体系提供人才基础。

◉ 我国乡村信息产业发展的重点有哪些？

近年来，我国农村信息基础设施加快完善，互联网覆盖率逐年提升。统计显示，截至 2022 年 6 月，我国现有行政村已全面实现"县县通 5G、村村通宽带"。行政村通光纤比例从不到 70% 提升至 100%，平均下载速率超过 100mb/s，基本实现与城市同网同速。另据《中国互联网络发展状况统计报告》显示，2022 年 6 月，我国农村网民规模 2.93 亿，农村地区互联网普及率达 58.8%。信息基础设施的完善，为乡村信息产业发展奠定了基础，提供了动力。

当前，结合农业农村发展实际，国家重点推动乡村信息产业以下领域发展：一是应用信息技术开展农业监测预警和综合服务，包括农业土地资源利用监测、水资源利用监测、绿色管理监测、产出效益监测、风险灾害监测、农产品价格监测等；二是应用信息技术促进农业生产经营，包括促进生产管理过程的信息化、生产流通过程的信息化。

在农业生产管理中，可以信息化融合的环节主要包括：通过信息化的装备设施，发展智慧农业，实现农田灌溉、农作物栽培、农业病虫害防治、畜禽饲养等方面的远程监测、科学决策管理、自动控制、精准作业。

在农产品流通中，信息技术和手段可以应用到农产品加工、交易、仓储、运输、溯源等环节，实现农产品网上报价、数字交易、仓储管理、物流配送、产品溯源等，促进小农户生产与外部市场的有效衔接。

● **如何推进农村电商发展？**

随着"互联网+"农产品出村进城、电子商务进农村综合示范、电商扶贫、数字乡村建设等工作深入推进，我国农村电商保持高速发展态势，农村网络零售市场规模和农产品上行规模不断扩大。尤其是新冠疫情期间，农村电商凭借线上化、非接触、供需快速匹配、产销高效衔接等优势，在县域稳产保供、复工复产和民生保障等方面的功能作用凸显，不断涌现出直播带货、社区团购等新业态新模式。2020年，全国农村网络零售额1.79万亿元，同比增长8.9%；全国农产品网络零售额4158.9亿元，同比增长26.2%。

各地发展农村电商，需要重点拓宽商贸流通渠道，促进产业、科技交互联动，引导农业全产业链上中下游各类主体，共建共享大数据平台信息，实现产业数字化、数字产业化。具体包括4个方面：一是培育农村电商主体。引导电商、物流、商贸、金融、供销、邮政、快递等各类电子商务主体到乡村布局，构建农村购物网络平台。依托农家店、农村综合服务社、村邮站、快递网点、农产品购销代办站等发展农村电商末端网点。发展直播卖货、助农直播间、移动菜篮子等新业态，培育农民直播销售员。二是打造农产品供应链。实施"数商兴农"，打造农产品网络品牌，支持运营主体带动农户统一标准、统一生产、统一采购、统一品牌、统一销售，构建基于互联网的供应链管理模式。三是建立运营服务体系。培育零售电商、批发电商、分销电商以及社交电商、直播电商等新模式。注重线下渠道维护，与休闲体验相结合，建设优质特色农产品直营店、体验区。四是强化农产品质量监管。积极探索利用现代信息技术的"阳光农安"智慧管理模式。支持产业化运营主体加强自我检测、全过程追溯。

● 各地如何加快加强县域商业体系建设？

近年来，中央一号文件及农业农村部、商务部文件多次对加快建设县域商业体系进行部署。各地应积极参与实施县域商业建设行动，促进农村消费扩容提质升级。一是改善农村商流物流条件，加快农村物流快递网点布局，实施"快递进村"工程，鼓励发展"多站合一"的乡镇客货邮综合服务站、"一点多能"的村级寄递物流综合服务点，推进县乡村物流共同配送，促进农村客货邮融合发展，解决农村消费"最后一公里"问题，推动农村消费升级换代。二是实施"数商兴农"工程,建设农村数字化流通网络,培训农村数字化人才,推动电子商务进乡村。三是推进农产品存储保鲜冷链物流设施建设,促进"互联网+"农产品出村进城,推动城乡间建立长期稳定的产销对接关系。四是重视产地农产品批发市场建设,重视实体市场建设,在设施用地、信贷支持、安全监管诸方面给予支持,形成产销衔接、运行顺畅、各有特色、保障有力的大市场格局。

● **乡村服务业的发展前景如何?如何推动乡村服务业发展?**

乡村服务业包括农村生活性服务业和生产型服务业,是适应当下农村生产生活方式变化应用而生的产业,具有业态类型丰富、经营方式灵活等特点,发展空间也十分广阔。

一方面,随着我国乡村经济结构的发展变化,分工分业不断深化,农业生产性服务业的市场需求快速增长。另一方面,随着经济社会发展,无论农村人口还是城市人口对农村生活性服务业的需求都会显著上升。从农村看,随着农村人口结构发生深刻变化,高龄、失能和患病老人的照料护理问题日益突出。随着农民收入水平的持续提高,生活观念和方式的不断变化,农村的养老托幼产业、物品维修产业、批发零售业、电子商务、金融保险等生活性服务业也大有可为。从城市看,随着农村基础设施改善和生态环境建设的加强,美丽的田园风光、清新的空气和良好的人居环境,会吸引大量的城里人回归农村养老、康养、休闲、旅游,这为农村生活性服务业提供了广阔的发展空间。

推动乡村新型服务业发展,一是要提升生产性服务业,扩大服务领域。适应农业生产规模化、标准化、机械化的趋势,支持供销、邮政、农民合作社及乡村企业等，开展农技推广、土地托管、代耕代种、烘干收储等农业生产性服务，以及市场信息、农资供应、农业废弃物资源化利用、农机作业及维修、农产品营销等服务。提高服务水平，引导各类服务主体把服务网点延伸到乡村，鼓励新型农业经营主体在城镇设立鲜活农产品直销网点，推广农超、农社（区）、农企等产销对接模式。鼓励大型农产品加工流通企业开展托管服务、专项服务、连锁服务、个性化服务等综合配套服务。二是要拓展生活性服务业，丰富服务内容。改造提升餐饮住宿、商超零售、美容美发、洗浴、照相、电器维修、再生资源回收等乡村生活服务业，积极发展养老护幼、卫生保洁、文化演出、体育健身、法律咨询、信息中介、典礼司仪等乡村服务业。三是要创新服务方式。积极发展订制服务、体验服务、智慧服务、共享服务、绿色服务等新形态，探索"线上交易＋线下服务"的新模式。鼓励各类服务主体建设运营覆盖娱乐、健康、教育、家政、体育等领域的在线服务平台，推动传统服务业升级改造，为乡村居民提供高效便捷服务。

● 国家对乡村创业创新的方针政策如何？背景是什么？

国家支持农户、新型农业经营主体和返乡入乡人士开展乡村创业创新。《乡村振兴促进法》提出，各级人民政府应当完善扶持政策，加强指导服务，支持农民、返乡入乡人员在乡村创业创新，促进乡村产业发展和农民就业。《乡村产业发展规划（2020—2025）》提出，要培育壮大创新创业群体，鼓励农民就地就业、返乡创业。2020年国家发改委、教育部等19个部委发布的《关于推动返乡入乡创业高质量发展的意见》就完善相应的体制机制、创新政策举措、强化服务保障等提出了要求，进行了部署。

促进乡村创业创新是时代发展的必然结果，也是加速国内经济循环的必然要求。改革开放以来，我国城市化、工业化加快推进，农村劳动力在二三产业就业、到城镇工作生活的越来越多。经过三十年的发展，积累了技能，增长了知识，也积蓄了部分资金。同时，这些人与农业农村仍有着千丝万缕的联系。因此，在乡村振兴战略的吸引下，不少人开始返乡入乡，运用自身的知识、技能、资金，在乡村创办产业。

◉ 推动乡村创业发展的措施有哪些？

一是搭建创业平台。按照"政府搭建平台、平台聚集资源、资源服务创业"的要求，建设农村创新创业园区、返乡入乡创业园和孵化实训基地等平台。

二是强化创业指导。建设农村创业导师队伍。建立"一对一""师带徒"培养机制。通过集中授课、案例教学、现场指导等方式，创立"平台＋导师＋学员"服务模式。

三是优化创业环境。建立"一站式"综合服务平台。强化创业服务和创业培训，建立"互联网＋"创新创业服务模式，推行"创业＋技能""创业＋产业"的培训模式，为创业提供优良生长环境。

四是落实扶持政策。给财政补贴和税费减免等支持；健全用地支持政策，保障生产经营空间；加大贷款支持力度，缓解融资难、融资贵等问题。

● 各地促进农村创业创新的典型模式有哪些？

一是特色产业拉动型。围绕特色产业，面向产前、产中、产后环节的生产与服务需求，开展创业创新活动。

二是产业融合创新驱动型。围绕产业融合形成的新产业新业态新模式开展双创活动，加速区域之间、产业之间的资源和要素流动与重组。

三是返乡入乡能人带动型。返乡入乡人员通过创办、领办企业和合作社等新型农业经营主体，引领带动周边农村产业发展。

四是创业创新园区集聚型。以创业园区为平台载体，集聚要素，共享资源，延伸产业链，推动产业集群发展。

五是产业化龙头企业带动型。依托农业产业化龙头企业，带动当地农村配套服务，引领区域经济发展。

● 当前乡村产业投资的热点方向有哪些？

随着经济形势的变化，我国社会资本对乡村产业投资的主要方向也在不断调整。在疫情防控期间，生鲜电商等行业投资火热，社区团购、新零售等业态快速兴起。进入2022年后，社会资本的主攻方向出现了由上游的农业生产向下游的食品加工等环节转移的现象。疫情防控还带动了预制菜行业的繁荣，多方资本加大了相关投入；食品制造和餐饮业的投资数量以及金额大幅上升。随着疫情防控的取消，居民消费欲望逐渐激发，食品行业增长潜力或将进一步释放，产业资本也开始纷纷布局。新茶饮产业开始整合，产业集中度加速提升，市场竞争日趋激烈，投资并购趋势明显，品牌模式逐渐完善。在农业生产性服务领域，大数据、物联网、无人机等细分产业持续受到关注,揭示出智慧化是农业生产变革的长期趋势。

● 什么是预制菜?其发展背景如何?

根据中国烹饪协会的定义,预制菜是指以一种或多种农产品为主要原料,运用标准化流水作业,经预加工(如分切、搅拌、腌制、调味等)、预烹调(如炒、炸、烤、煮、蒸等)制成,并进行预包装的成品或半成品菜肴。

近年来,预制菜产业快速发展。中国食品工业协会统计,2021年我国预制菜市场规模达到 3500 亿元,同比 2018 年,短短四年内增长了 2.5 倍。市场规模的迅速增长,是需求拉动和技术驱动双重作用的结果。

从需求侧看,人们生活方式的转变,为预制菜产业发展拓展了空间。尤其是疫情下"宅经济"发展,人们出行受限的情况下,对即食类产品的需求攀升。预制菜凭借其"短平快省"的优势,契合了年轻一代和工薪一族对快餐消费的需求。

从供给侧看,首先是食品业的工业化标准化生产,以及食品销售连锁化的发展,为预制菜发展提供了可能。

此外,从技术端看,近年的互联网经济高速发展,为预制菜走向消费者提供了直接通道;而全程冷链配送、高温无菌化处理、真空保鲜包装等技术的突破,也为预制菜制作提供了技术上的解决方案。

● 预制菜产业的发展前景如何?如何推动产业健康发展?

预制菜产业具有连一产带二产促三产的特性,贯通种养、加工、储运、销售等产业链环节,有助于促进地方乡村产业集聚,促进城乡经济循环。正基于此,各地政府重视并支持本地预制菜产业发展。同时,预制菜产品能够提高出菜效率,还能显著降低人工成本,有效激发餐饮及零售企业的生产积极性,也得到了餐饮企业和资本方的青睐。在政府推动、资本促动、餐饮带动的背景下,预制菜产业具有良好的发展前景。中国烹饪协会的分析显示,我国预制菜产业行业渗透率不到15%,而美国、日本等国家超过60%,显示行业增长空间很大。

但是,由于行业门槛较低,预制菜产业也面临行业竞争无序、标准规范不全、技术投入不足、监管不够及时等问题,各级各地应对此有清醒认识,并采取措施推动产业健康发展。一是建立规范标准体系,引领行业健康发展。加快制定统一的国家标准和行业标准,科学制定地方标准、协会标准、企业标准,规范行业准入条件。二是培育龙头企业,加强品牌建设,提高产业组织化程度,提升产品影响力和竞争力。三是补齐冷链短板,完善供应链。发展直采直供等现代物流模式。拓宽销售、流通渠道。四是开展技术攻关,破解关键装备瓶颈,提升精准控制、品质调控、智能操作能力。五是加强质量监管,落实主体责任。完善产品质量追溯体系,实现全产业链管控。

第七编 柒

国内外发展模式与经验

◉ 国外乡村产业发展的模式有哪些？

1. 专业化大规模发展模式。这一模式的主要代表是美国和加拿大。两国依托资源禀赋优势，形成专业化的农业产业发展模式，提升土地生产率与劳动生产率，进而实现规模效应。同时，通过专业化的社会分工，实现产业链、价值链资源整合、产业整合，从而构建现代化乡村产业体系，有效推进乡村产业发展。

2. "科技+创意"推动发展模式。这一模式的主要代表是荷兰。20世纪50年代至80年代，荷兰通过调整农业结构，形成了以园林业和畜牧业为主的农业结构，随后又通过调整农业生产结构，缓解了土地资源短缺的状况。20世纪80年代以来，通过"链战略行动计划"的实施和创意农业产业链模式的实施，让荷兰成为欧盟农业高度发达的国家，土地生产率世界第一、设施农业世界一流、农产品出口贸易总量位居世界第二位。

3. 精细化融合化发展模式。这一模式的主要代表是日本和韩国。由于亚洲国家的乡村产业发展大多立足于以家庭经营为主的传统农业，相对分散，较难实现规模经济，因而其乡村产业发展的重心在于通过产业链的延伸实现产业增值，如日本推行"六次产业化"发展，韩国也据此推进农村融复合产业培育。同时，分散经营导致乡村产业发展内生动力不足、相对缓慢，更依赖政府自上而下实施有关举措，从资金支持、法律支持、智力支持等多维度保障乡村产业发展。

◉ 美国乡村产业发展的经验有哪些？

美国拥有丰富的土地资源，人均耕地面积大，由此形成了以大宗农产品生产为主的乡村产业发展路径。此外，不管是农业生产力还是乡村产业链，美国都具有很强的市场竞争力。总体而言，美国乡村产业发展主要得益于企业化经营转型、科技贡献以及政府保障性措施。

1. **企业化经营推动专业化发展。**土地的私人所有制，推动产业经营单位逐渐转变为以企业化的家庭农场为主。在市场分工不断深化下，农场的专业化水平也不断提高，每个农场专门生产某种特定农产品或进行某种农产品特定环节的生产经营，由此形成了分工协作、相对完整的产业体系。

2. **科技带动产业链变革。**从19世纪后期开始，美国农业生产的机械化、生物技术、信息技术水平快速提升。由于构建起了以大学为主导的技术研发推广体系，加之通过政府拨款、公益基金、市场主体资助等多种资金渠道支持农业技术研发和推广，形成了有效的激励机制、绩效考核机制和成果转化收益机制，确保了科技研发和推广人员的稳定性。

3. **政府的保障性措施推动产业发展。**一是从法律层面奠定农业发展的重要地位，激励资本投资农业产业；二是提供有力的农业保护和支持政策，从农业科研、教育、森林、能源等多方面保障农民的优惠权益，并建立农业发展的信贷基金制度维持农场资金的有效运转；三是构建完善的农业补助政策，以直接补贴、反周期补贴、灾难援助、交易援助贷款、出口补贴等保障农场主基本收益，维护农业生产安全。

加拿大乡村产业发展的经验有哪些?

加拿大地域辽阔,农业资源丰富,是全球农业高度发达的国家之一。20世纪50年代,加拿大从粮食进口国转变为粮食出口国,逐步形成发展优势产品。总体而言,加拿大农业的现代化主要得益于政府的有力推进,从法律法规、政策支持、资金投入等全方位促进农业现代化发展,以及农业与其他关联产业的紧密结合。

1. 政府统筹下的现代农业发展。为促进规模化,由政府因地制宜进行统一的规划,培育规模经营主体,进行集中种植(养殖)。也正由于生产的集中化、专业化,病虫害防治、良种选育、检疫检验、营销管理等活动更有针对性,又进一步强化了加拿大各区域农业生产的规模效应。

2. 为农业发展构建完善的支持政策体系。加拿大2000年就推出了针对商业农场的风险管理,具体包括:(1)农业稳定计划,旨在提供农场收入保险;(2)农业投资计划,旨在保证农场经营的现金流动性,开设农场特定账户,并由政府进行等额配套;(3)农业保险计划,旨在缓解生产所面临的自然风险;(4)农业恢复计划,旨在提供事后的灾后援助计划;(5)农业风险支持计划,旨在支持农业研究领域的创新项目试点计划。

3. 农业与关联产业的紧密结合。加拿大将农业与食品加工业、贸易紧密结合,由此发挥产业链延伸的乘积效应。2000年统计数据显示,加拿大食品加工业和贸易所创总产值达到传统农业的5倍。在具体的产业化发展中,加拿大通过"合作社+农业生产者""专业协会+农业生产者"的模式,建立生产、加工、管理和销售等多环节相连的产业链;通过订单农业,建立企业与农业生产者之间的联系,促进了农产品的商品化程度,提高了农业经济效益。

● 荷兰乡村产业发展的经验有哪些?

荷兰的乡村产业发展受自然环境制约较大。在气候方面,荷兰处于高纬度地区,阳光照射不足,不利于大田作物的种植生长;在地形方面,荷兰多为低地,土地容易受到海水泛滥的威胁;在土地资源方面,土地资源受限,能发展农业生产的空间有限。为此,荷兰政府强化政策对于产业链和价值链的试点项目的扶持力度,推动乡村产业各个环节的有效联动和协同,形成完善而系统的产业体系。

1. 实施"链战略行动计划"推动产业集群化发展。荷兰围绕创意农业产业链,加强对产业链的协作和整合,将农作物的产供销融为一体,深度融合农村一二三产业,实现农业、工业和商业的有机结合,形成风险共担的利益共同体。在高效的农业产业链基础上打造了产业集群。以荷兰园艺为例,已经形成了包括研究开发、生产组织、市场营销到物流管理的高效完整产业链网络,具有很强的市场竞争力。

2. 推行集约化经营管理模式带动产业提档升级。荷兰以集约化与现代化管理模式为特点,推行专业化和规模化生产。依托这一模式,荷兰花卉产业的鲜花销售量占世界70%之多。荷兰还借鉴花卉产业经验,按集约化模式生产优质蔬菜等。

3. 引入先进科技和装备提升产品品质。为克服资源匮乏劣势,荷兰引入先进科学技术,采用先进的装备和精细化设施,大力发展温室农业,提升农产品品质和科技含量。以花卉产业为例,在研发和育种上,每一种花都设有专业的育种公司进行研发;在生产环节上，荷兰采用现代化温室栽培技术，利用电脑控制，对播种、栽种、收获和包装的各个环节都采用机械化作业，努力提高产量；在储存和销售环节上，荷兰花卉有专业的冷库储藏技术；在运输环节上，荷兰发达的航空物流为农产品的运送提供了便捷的途径。

4. 发展社会化服务形成完善服务体系。荷兰在1874年就成立了合作社，而后逐渐发展，从分散到集中，既有综合性的，又有专业性的，更好地对农业的产供销进行全程服务，形成了完善、高效、便捷的农业社会化服务体系。相对于其他农业强国，荷兰的农业生产服务业发展处于较高水平。

⦿ 法国乡村产业发展的经验有哪些？

法国拥有较好的农业资源禀赋，是欧盟最大的农业生产国，也是世界主要的农副产品出口国。法国农业产业能取得今天的成果，也经历了由弱到强的过程。19世纪50年代之前，法国农业以小农经济为主导，农业整体发展缓慢，农业产品品种较为单一。随着市场经济的发展与工业革命的推动，法国农业也从传统的小农经济转向资本主义商品农业。法国乡村产业的快速发展主要是从20世纪60年代开始，乡村发展理念转变为提高国民福祉，促进城乡、人与自然和谐发展，注重农业可持续性以及农村社会经济的多元化。在产业发展上，法国通过统筹规划、三产融合、科技引领推动乡村产业深层次、高标准地综合性发展，实现农业农村的现代化。

1. 科学统筹规划，形成产业布局。为了推进农业产业发展，法国加强了农业用地管理，全面推进农业生产的规模化、专业化。20世纪60年代，法国的家庭分散经营逐渐减少，转变为以规模农场、合作社以及农业公司经营为主,并且各经营主体面积在200公顷以上,规模经营农用地占据全国农用地总面积的93%。同时,法国按照"平原发展种植业,丘陵发展畜牧业,山地发展果蔬业"的生态适应性要求,进行了产业布局规划,最终形成了以巴黎盆地为中心的粮食生产区、南部山地果蔬区和西部高原畜牧区三大重要产地。

2. 三产融合组成产业利益共同体。法国在乡村产业发展中,强调联合农业相关部门,如工商、物流运输、金融等部门构建利益共同体,进而发挥技术、资本的集聚效应。另外,以传统种养业为基础,通过特色农产品和参与式、体验式休闲农业发展乡村旅游产业,延伸农业产业链,并从其中衍生的餐饮、住宿等全方位的配套服务产生经济收益。

3. 培育乡村人才,提升产业科技含量。为了应对乡村人才流失,法国大力发展涉农职业教育,从资格认证和优惠政策两个方面激励农户参与职业教育和培训,并吸引各类人才下乡创业就业。法国专门从事农业技术教育的机构有1000家左右,教育内容覆盖农作物栽培、畜牧、农产品加工、物流运输和环境保护等。科研方面,法国政府直接给予高达25亿欧元的财政预算,并以问题导向、市场导向,组建一支数量庞大、类型多样的农业科研队伍。

法国借助产业科学技术、科研队伍的投入,也实现了乡村现代化发展,形成高标准、深层次的乡村产业发展格局。

● 日本乡村产业发展的经验有哪些?

日本是一个人多地少、自然灾害频发、农业资源禀赋非常稀缺的国家。第二次世界大战结束后,日本农业生产停滞。提高土地利用率、提升农民组织化程度成为该时期日本农业发展的目标。日本通过开展土地改良运动提高土地利用率，通过组建农业协同工会提升农民组织化程度。20世纪60年代至20世纪末，日本在城市化进程中，将都市和农村分离，优先发展都市，导致工业和农业的不均衡发展严重，不少乡村社会问题产生。对此，日本在1961年制定了《农业基本法》，目的在于促进农业生产，确保农业产量。随着农村劳动力的分化、转移，日本在1999年又发布《食物、农业、农村基本法》，树立农业的多功能开发、可持续发展和农村振兴理念。自此，日本农业迅速发展，现代化农业模式初步建成，乡村产业发展取得显著成果。

基于日本乡村产业发展实践，日本乡村产业的发展实则是以"六次产业化"的发展为导向，结合配套的政策措施共同促进乡村产业发展。

1.以"六次产业化"为核心推进乡村产业发展创新。"六次产业化"是指农村一二三产业之和，旨在通过农业生产向二三产业延伸，通过三产融合，构建完善的农业产业链。日本政府整合经营计划，推进农业、工业、商业充分发展合作，以工带农、以商促农，运用工商业带动产业融合发展，促进农业产业链和价值链的延伸。主要举措：（1）发挥区域优势，打造特色农产品的产业基地，如水产品基地（姬岛村、鹤见町）、菇产业基地（大田村、国见町和潼町）、草莓产业基地（佐伯市、挟间町）等；（2）通过发展本地农产品加工、开设直销店、发展观光农园以及农家餐厅等，促进产业链延伸，提升农业价值链，既能更好地迎合消费者需求，又能将外流的产品附加值和就业岗位内部化，还促进了产业集群效应的实现；（3）地产地销,即当地生产的农产品在当地消费,一是以本地产品为加工原料以代替外地引进的产品,二是以本地加工产品代替原料产品输出,将加工、流通、消费等环节内化于农村地域内部。

2. 配套政策的有力保障。日本政府除了出台《农工商合作促进法》(2008年)、《城市农业振兴法》(2015年)等政策外,还推出了一系列财政补贴,如对新产品开发和市场拓展的支出补助从1/2增加到2/3,对新的农产品加工、销售所需的设备购买建设支出给予50%的补助。在资金上,日本公库设立专项资金支持"六次产业化"相关经营主体发展,包括农业经营基础强化资金、农业改良资金、食品流通改善资金、农林渔业设施资金等,同时根据行业设立农业、林业和渔业产业成长基金。在法律上,2011年《六次产业化、地产地销法》的颁布标志着日本首次以立法的形式将发展"六次产业化"定位为其当前农业政策的重要战略方向之一。在智力支持上,日本在普通高中便设立了农业教育课程,而一般性的综合大学也大都设有农学部,推进了涉农人才培育,并设有全国性的农业科研试验网,加强创新性技术研发和保护,重视研发开发和成果利用。

● 韩国乡村产业发展的经验有哪些?

韩国的国情与日本大致相似,同样是人多地少、农业资源禀赋较为稀缺的国家。朝鲜战争期间,韩国经济受到重创。20世纪60年代,为了促进经济复苏,韩国实行了两个经济开发五年计划,助推韩国农业走向正轨。但韩国的城乡差距还是在10年间急剧拉大,农业生产难以维持农户生计,乡村人口大规模涌向城市,乡村人口存在严重的季节性失业问题。于是,在20世纪70年代,政府发动了一场由上至下进行动员的综合性乡村发展运动——"新村运动"。"新村运动"的组织有序性、规划科学性、政策有力性，有效地推动了乡村产业发展。

1."新村运动"是自上而下的组织动员。"新村运动"由韩国民政部负责计划和执行，中央其他部门则被列入支持性机构，并成立"中央新村运动咨询与协调委员会"，负责政策制定工作，以协调中央各部门。这种模式被道、市、县各级政府以及最基层的行政镇层层复制，而每一个乡村社区（村庄）则成立一个村发展委员会，负责本村"新村运动"的组织执行，并由政府任命一名公务人员作为"新村运动"的领导人。此外，村民大会还会选出两人作为"新村领袖"，志愿服务于"新村运动"，为运动的开展建言献策。

2."新村运动"对产业的促进作用。"新村运动"的第二阶段以发展生产和增收项目为主，除了完善农田水利、市场渠道和设施等建设，还发展养殖业和畜牧业，推广农业新技术和高产优质品种，建立新村工厂（村办企业）发展非农产业，新增有薪酬的就业机会等项目。

3.六次产业政策在韩国的本土化。韩国借鉴了日本"六次产业化"的发展思路。一方面，政府引导乡村建设农产品生产与加工工厂，形成乡村工业园区，发展集生产、加工、销售等为一体的现代农业经营模式；另一方面，以当地农村或农民作为改革的主体，整合当地的自然资源、人力、文化资源，促进产业化的升级创造，从本质上改变农业发展的模式。政策支持上，韩国在金融、市场、外贸、设施、景观、地域开发、技术研发、评估等方面出台了86个与六次产业相关的支援政策。2015年，韩国农林畜产食品部颁布了

《农村融复合产业培育及支援法》，在农村融复合产业培育及支援计划的实施、农村融复合产业基础设施建设及支援、农村融复合产业地区认定及培育等方面为韩国农村融复合产业的发展提供了法律保障。

● 国内乡村产业发展的典型模式有哪些？

1. 休闲旅游带动模式。依托区域特色自然资源发展休闲旅游业，带动其他产业发展的模式。如，浙江省德清县充分发挥集体自然风光、民俗风情、农业产业、地理位置等优势，突出旅游经济发展，带动乡村产业链，实现"产业融合"；以产兴村、以村促产，实现"产村融合"，推动城乡互促共进，实现"城乡融合"。德清县结合美丽乡村建设，大力推进村庄景区化建设，以民宿为基础产业，构建多层次产业体系。积极发展现代高效生态等休闲观光农业、休闲旅游、民宿等乡村旅游项目，带动资源要素向乡村集聚，实现"富民强村"。

2. 农村电商带动模式。依托农村电子商务带动产业发展。如，安徽省巢湖市半汤街道引入安徽淮商集团，成立安徽三瓜公社投资发展有限公司，作为联合开发主体，融入"互联网+三农"发展理念，将南瓜村定位为电商村、互联网示范村，引入电商企业包括天猫官方旗舰店、京东、甲骨文等，开发出茶叶、温泉、特色农副、乡土文创四大系列千余种特色商品和旅游纪念品，通过线上线下融合的销售方式，使乡村产品销售渠道多元化。建立创客中心，吸引年轻人入乡加入电子商务就业创业平台，驱动农产品加工、生产，通过农特产品的加工生产，保障更多本地村民就业和创业。

3. 农文旅融合带动模式。依托农文旅产业融合带动乡村产业发展。如，河南省郑州市泰山村结合黄帝文化底蕴深厚的优势，以"林业立村、生态富村、旅游活村、文化强村"思路发展乡村文化旅游等产业，带动其他产业发展。该村建设了千稼集景区，按照"原味乡村""民国风情""激情岁月"三大主题，布局农耕文化演艺、民俗特色小吃、民间演艺表演、休闲游乐体验、主题情景客栈、绿色有机农场六大产品业态，布局地方名小吃、农副产品、茶馆戏台、文创产品、主题客栈、民俗演出、情景演艺、历史店铺、儿童娱乐、竞技游戏和创意农场采摘园等多元主题业态，合作经营打造万亩高效农业产业园，夯实产业基础。

4. 特色产业带动模式。即以区域特色产业为主导，集中力量发展，延伸产业链，带动经济发展。如，山西省大同市云州区以黄花为主导产业，打造"小黄花大产业"。具体做法包括：一是设立种植补贴，提高组织化程度。为解决农民种黄花前三年没收成难题，成立种植合作社，采取"合作社＋农户"模式，流转土地，发展规模种植。政府对种植黄花每亩给予每年 500 元的补贴，同时农民可到合作社参加黄花田间管理打工挣钱，解决了种黄花前三年没收入的担忧。二是改善水利设施。铺设地下管道、修复配套机井、实施节水喷灌，解决旱天减产等问题，提高黄花产量。三是统一种植保险，降低种植风险。统一以合作社名义参加自然灾害险和目标价格险，消除种植户的后顾之忧。四是及时组织收储，提升产品效益。采摘季节，合作社每天都会联系本地加工企业深入地头，现摘现称现结算。鲜黄花及时进入冷藏库，解决采摘怕高温，蒸后怕遇雨，晾晒怕阴天的难题，提升了产品品质和收益。五是延长产业链条，促进产业融合发展。依托黄花产业近郊区位、乡土文化等资源优势，推进与生态旅游等深度融合，建成一批黄花采摘观光、健康养生景点，拓宽了产品类别和市场空间，带动农民就业增收。

5. 产业集群带动模式。即围绕"产业链、价值链、供应链"发展产业集群，通过集群协同推动乡村产业发展。如，河南省漯河市抓住"粮头食尾、农头工尾"，延伸产业链，发展产业集群。漯河市实施"十百千"亿级产业集群培育、"小升规"培育、"小升高"培育三大工程，打通食品和装备制造业联系点，发展食品机械产业。打通食品和造纸产业联系点，发展食品包装产业。打通食品与宠物饲料行业联系点，发展宠物食品。打通食品与物流产业联系点，发展以冷链物流为重点的食品物流产业。形成了双汇肉制品、中粮面业面制品、喜盈盈烘焙膨化食品、卫龙休闲食品、中大恒源健康食品、三剑客乳制饮品等6大产业全链条集群化发展的格局。

6. 产业联合体带动模式。即以产业联合体促进抱团发展，实现产业振兴。以宁夏昊王为例，昊王优质大米产业化联合体成立于2018年，由宁夏昊王米业集团有限公司牵头，联合各产业相关公司、合作社、联合会、家庭农场、优质水稻种植大户及相关服务机构等32家成员单位共同发起组建成立，围绕优质粮食种植、加工、销售，依托农业社会化服务组织支撑，为各成员单位提供农业生产资料供应、植保作业、绿色防控、技术指导培训、信息化管理等服务，推行种植环节"品种、培训、耕种、施肥、植保、管理、收获"七统一标准，建立全产业链服务体系，涵盖良种繁育、金融保险、文化传媒、生态餐饮、园艺果蔬、畜牧养殖等多功能业务，实现聚变效应。截至2020年底，联合体实现总产值超过10亿元。

7. 农村改革带动模式。从加速城乡改革、盘活乡村资源入手，推动形成有机结合、相容并生的产业布局。以湖南省"浔龙河"生态艺术小镇项目为例,作为长沙县城乡一体化试点示范,抓住长沙近郊农村独特的地缘优势,兼顾农业、农村、农民利益,推动土地集中流转、环境集中治理、村民集中居住的"三集中",实现村民的就地城镇化;通过土地改革和混合运营,发展生态、文化、教育、旅游、康养五大产业,推动农民致富增收,形成了以生态产业为基础、文旅产业为抓手、教育产业为核心、康养产业为配套,四大特色产业有机结合、相容并生的产业布局。

附件

政策文件参考

附件1

中华人民共和国乡村振兴促进法（节选）
（2021年4月29日第十三届全国人民代表大会常务委员会第二十八次会议通过）

第二章 产业发展

第十二条 国家完善农村集体产权制度，增强农村集体所有制经济发展活力，促进集体资产保值增值，确保农民受益。

各级人民政府应当坚持以农民为主体，以乡村优势特色资源为依托，支持、促进农村一二三产业融合发展，推动建立现代农业产业体系、生产体系和经营体系，推进数字乡村建设，培育新产业、新业态、新模式和新型农业经营主体，促进小农户和现代农业发展有机衔接。

第十三条 国家采取措施优化农业生产力布局，推进农业结构调整，发展优势特色产业，保障粮食和重要农产品有效供给和质量安全，推动品种培优、品质提升、品牌打造和标准化生产，推动农业对外开放，提高农业质量、效益和竞争力。

国家实行重要农产品保障战略，分品种明确保障目标，构建科学合理、安全高效的重要农产品供给保障体系。

第十四条 国家建立农用地分类管理制度，严格保护耕地，严格控制农用地转为建设用地，严格控制耕地转为林地、园地等其他类型农用地。省、自治区、直辖市人民政府应当采取措施确保耕地总量不减少、质量有提高。

国家实行永久基本农田保护制度，建设粮食生产功能区、重要农产品生产保护区，建设并保护高标准农田。

地方各级人民政府应当推进农村土地整理和农用地科学安全利用，加强农田水利等基础设施建设，改善农业生产条件。

第十五条　国家加强农业种质资源保护利用和种质资源库建设，支持育种基础性、前沿性和应用技术研究，实施农作物和畜禽等良种培育、育种关键技术攻关，鼓励种业科技成果转化和优良品种推广，建立并实施种业国家安全审查机制，促进种业高质量发展。

第十六条　国家采取措施加强农业科技创新，培育创新主体，构建以企业为主体、产学研协同的创新机制，强化高等学校、科研机构、农业企业创新能力，建立创新平台，加强新品种、新技术、新装备、新产品研发，加强农业知识产权保护，推进生物种业、智慧农业、设施农业、农产品加工、绿色农业投入品等领域创新，建设现代农业产业技术体系，推动农业农村创新驱动发展。

国家健全农业科研项目评审、人才评价、成果产权保护制度，保障对农业科技基础性、公益性研究的投入，激发农业科技人员创新积极性。

第十七条　国家加强农业技术推广体系建设，促进建立有利于农业科技成果转化推广的激励机制和利益分享机制，鼓励企业、高等学校、职业学校、科研机构、科学技术社会团体、农民专业合作社、农业专业化社会化服务组织、农业科技人员等创新推广方式，开展农业技术推广服务。

第十八条　国家鼓励农业机械生产研发和推广应用，推进主要农作物生产全程机械化，提高设施农业、林草业、畜牧业、渔业和农产品初加工的装备水平,推动农机农艺融合、机械化信息化融合,促进机械化生产与农田建设相适应、服务模式与农业适度规模经营相适应。

国家鼓励农业信息化建设,加强农业信息监测预警和综合服务,推进农业生产经营信息化。

第十九条 各级人民政府应当发挥农村资源和生态优势,支持特色农业、休闲农业、现代农产品加工业、乡村手工业、绿色建材、红色旅游、乡村旅游、康养和乡村物流、电子商务等乡村产业的发展;引导新型经营主体通过特色化、专业化经营,合理配置生产要素,促进乡村产业深度融合;支持特色农产品优势区、现代农业产业园、农业科技园、农村创业园、休闲农业和乡村旅游重点村镇等的建设;统筹农产品生产地、集散地、销售地市场建设,加强农产品流通骨干网络和冷链物流体系建设;鼓励企业获得国际通行的农产品认证,增强乡村产业竞争力。

发展乡村产业应当符合国土空间规划和产业政策、环境保护的要求。

第二十条 各级人民政府应当完善扶持政策,加强指导服务,支持农民、返乡入乡人员在乡村创业创新,促进乡村产业发展和农民就业。

第二十一条 各级人民政府应当建立健全有利于农民收入稳定增长的机制,鼓励支持农民拓宽增收渠道,促进农民增加收入。

国家采取措施支持农村集体经济组织发展,为本集体成员提供生产生活服务,保障成员从集体经营收入中获得收益分配的权利。

国家支持农民专业合作社、家庭农场和涉农企业、电子商务企业、农业专业化社会化服务组织等以多种方式与农民建立紧密型利益联结机制，让农民共享全产业链增值收益。

第二十二条　各级人民政府应当加强国有农（林、牧、渔）场规划建设，推进国有农（林、牧、渔）场现代农业发展，鼓励国有农（林、牧、渔）场在农业农村现代化建设中发挥示范引领作用。

第二十三条　各级人民政府应当深化供销合作社综合改革，鼓励供销合作社加强与农民利益联结，完善市场运作机制，强化为农服务功能，发挥其为农服务综合性合作经济组织的作用。

第八章　扶持措施

第五十八条　国家建立健全农业支持保护体系和实施乡村振兴战略财政投入保障制度。县级以上人民政府应当优先保障用于乡村振兴的财政投入，确保投入力度不断增强、总量持续增加、与乡村振兴目标任务相适应。

省、自治区、直辖市人民政府可以依法发行政府债券，用于现代农业设施建设和乡村建设。

各级人民政府应当完善涉农资金统筹整合长效机制，强化财政资金监督管理，全面实施预算绩效管理，提高财政资金使用效益。

第五十九条　各级人民政府应当采取措施增强脱贫地区内生发展能力，建立农村低收入人口、欠发达地区帮扶长效机制，持续推进脱贫地区发展；建立健全易返贫致贫人口动态监测预警和帮扶机制，实现巩固拓展脱贫攻坚成果同乡村振兴有效衔接。

国家加大对革命老区、民族地区、边疆地区实施乡村振兴战略的支持力度。

第六十条　国家按照增加总量、优化存量、提高效能的原则，构建以高质量绿色发展为导向的新型农业补贴政策体系。

第六十一条　各级人民政府应当坚持取之于农、主要用之于农的原则，按照国家有关规定调整完善土地使用权出让收入使用范围，提高农业农村投入比例，重点用于高标准农田建设、农田水利建设、现代种业提升、农村供水保障、农村人居环境整治、农村土地综合整治、耕地及永久基本农田保护、村庄公共设施建设和管护、农村教育、农村文化和精神文明建设支出，以及与农业农村直接相关的山水林田湖草沙生态保护修复、以工代赈工程建设等。

第六十二条　县级以上人民政府设立的相关专项资金、基金应当按照规定加强对乡村振兴的支持。

国家支持以市场化方式设立乡村振兴基金，重点支持乡村产业发展和公共基础设施建设。

县级以上地方人民政府应当优化乡村营商环境，鼓励创新投融资方式，引导社会资本投向乡村。

第六十三条　国家综合运用财政、金融等政策措施，完善政府性融资担保机制，依法完善乡村资产抵押担保权能，改进、加强乡村振兴的金融支持和服务。

财政出资设立的农业信贷担保机构应当主要为从事农业生产和与农业生产直接相关的经营主体服务。

第六十四条　国家健全多层次资本市场，多渠道推动涉农企业股权融资，发展并规范债券市场，促进涉农企业利用多种方式融资；丰富农产品期货品种，发挥期货市场价格发现和风险分散功能。

第六十五条　国家建立健全多层次、广覆盖、可持续的农村金融服务体系，完善金融支持乡村振兴考核评估机制，促进农村普惠金融发展，鼓励金融机构依法将更多资源配置到乡村发展的重点领域和薄弱环节。

政策性金融机构应当在业务范围内为乡村振兴提供信贷支持和其他金融服务，加大对乡村振兴的支持力度。

商业银行应当结合自身职能定位和业务优势，创新金融产品和服务模式，扩大基础金融服务覆盖面，增加对农民和农业经营主体的信贷规模，为乡村振兴提供金融服务。

农村商业银行、农村合作银行、农村信用社等农村中小金融机构应当主要为本地农业农村农民服务，当年新增可贷资金主要用于当地农业农村发展。

第六十六条　国家建立健全多层次农业保险体系，完善政策性农业保险制度，鼓励商业性保险公司开展农业保险业务，支持农民和农业经营主体依法开展互助合作保险。

县级以上人民政府应当采取保费补贴等措施，支持保险机构适当增加保险品种，扩大农业保险覆盖面，促进农业保险发展。

第六十七条　县级以上地方人民政府应当推进节约集约用地，提高土地使用效率，依法采取措施盘活农村存量建设用地，激活农村土地资源，完善农村新增建设用地保障机制，满足乡村产业、公共服务设施和农民住宅用地合理需求。

县级以上地方人民政府应当保障乡村产业用地，建设用地指标应当向乡村发展倾斜，县域内新增耕地指标应当优先用于折抵乡村产业发展所需建设用地指标，探索灵活多样的供地新方式。

经国土空间规划确定为工业、商业等经营性用途并依法登记的集体经营性建设用地，土地所有权人可以依法通过出让、出租等方式交由单位或者个人使用，优先用于发展集体所有制经济和乡村产业。

附件2

农业农村部关于拓展农业多种功能 促进乡村产业高质量发展的指导意见

各省、自治区、直辖市及计划单列市农业农村(农牧)厅(局、委),新疆生产建设兵团农业农村局:

产业振兴是乡村振兴的重中之重。近年来,我国乡村产业有了长足发展,强化了农业食品保障功能,拓展了生态涵养、休闲体验、文化传承功能,凸显了乡村的经济、生态、社会和文化价值,但仍然存在产业链条短、融合层次低和技术水平不高等问题。为顺应全面推进乡村振兴新要求,拓展农业多种功能,促进乡村产业高质量发展,现提出如下指导意见。

一、总体要求

(一)指导思想

以习近平新时代中国特色社会主义思想为指导,全面贯彻党的十九大和十九届二中、三中、四中、五中、六中全会精神,立足新发展阶段,贯彻新发展理念,构建新发展格局,落实高质量发展要求,在确保粮食安全和保障重要农产品有效供给的基础上,以生态农业为基、田园风光为韵、村落民宅为形、农耕文化为魂,贯通产加销、融合农文旅,促进食品保障功能坚实稳固、生态涵养功能加快转化、休闲体验功能高端拓展、文化传承功能有形延伸,打造美丽宜人、业兴人和的社会主义新乡村,推动农业高质高效、乡村宜居宜业、农民富裕富足,为全面推进乡村振兴、加快农业农村现代化提供有力支撑。

(二)基本原则

——立足特色、市场导向。立足乡村特色资源,面向市场需求,挖掘特色产品,以特色产业培育优质企业,以优质企业带动产业提升,更好发挥政府政策配套和公共服务作用,推动乡村特色资源加快转化增值。

——立农为农、链条延伸。紧扣"粮头食尾""农头工尾",以农产品加工业为重点打造农业全产业链,推动种养业前后端延伸、上下游拓展,由卖原字号更多向卖制成品转变,推动产品增值、产业增效,促进联农带农和共同富裕。

——绿色引领、功能拓展。践行"绿水青山就是金山银山"理念,以乡村休闲旅游业为重点拓展农业多种功能,培育生态环保产业,开发可再生能源,做到保护与开发并重、传统与现代融合,推动乡村农文旅一体化发展。

——科技赋能、平台支撑。坚持科技兴农,以发展农村电商为重点拓宽商贸流通渠道,促进产业、科技交互联动,引导农业全产业链上中下游各类主体,共建共享大数据平台信息,实现产业数字化、数字产业化。

(三)发展目标

到 2025 年,农业多种功能充分发掘,乡村多元价值多向彰显,粮食等重要农产品供给有效保障,农业质量效益和竞争力明显提高,优质绿色农产品、优美生态环境、优秀传统文化产品供给能力显著增强,形成以农产品加工业为"干"贯通产加销、以乡村休闲旅游业为"径"融合农文旅、以新农村电商为"网"对接科工贸的现代乡村产业体系,实现产业增值收益更多更好惠及农村农民,共同富裕取得实质性进展。

——农产品保障功能持续增强。粮食综合生产能力稳步提升,粮食产量保持在1.3万亿斤以上,重要农产品供给能力稳步提升,农产品加工业与农业总产值比达到2.8:1,加工转化率达到80%,保数量、保质量、保多样有效实现。

——乡村休闲旅游业融合发展。生态涵养、休闲体验和文化传承等农业特有功能持续拓展,绿色生产生活方式广泛推行,文明乡风繁荣兴盛,乡村休闲旅游年接待游客人数40亿人次,年营业收入1.2万亿元。

——农村电商业态类型不断丰富。数字乡村加快建设,农民生产经营能力普遍增强,农产品网络零售额达到1万亿元,农林牧渔专业及辅助性活动产值达到1万亿元,新增乡村创业带头人100万人,带动一批农民直播销售员。

二、做大做强农产品加工业

发挥县域农产品加工业在纵向贯通产加销中的中心点作用,打造创新能力强、产业链条全、绿色底色足、安全可控制、联农带农紧的农业全产业链,促进一产往后延、二产两头连、三产走高端,引导农产品加工重心下沉县城、中心镇和物流节点,推动生产与加工、产品与市场、企业与农户协同发展,实现农产品多元化开发、多层次利用、多环节增值。

(四)建设标准原料基地。鼓励农产品加工企业特别是食品加工企业与种业企业、农民合作社、家庭农场、种养大户等协调合作，围绕市场需求，按照适区适种、适品适种、适时采收要求，加大农作物、畜禽和水产种质资源保护开发力度，培育推广适合加工的专用品种，引导各类市场主体按照品种培优、品质提升、品牌打造和标准化生产要求合理安排生产经营，打造优质绿色安全农产品生产基地。

（五）构建高效加工体系。扶持农民合作社和家庭农场发展冷藏保鲜、原料处理、杀菌、储藏、分级、包装等延时类初加工，以及干制、腌制、熟制、分级分割、速冻等食品类初加工。引导大型农业企业、食品企业开发类别多样、营养均衡、养生保健、方便快捷的系列化产品，发展食材预处理、面制、米制、带馅、调理等主食加工，培育原料基地+中央厨房+物流配送（餐饮门店、商超销售）以及中央厨房+餐饮门店（连锁店、社区网点、终端客户）等模式，进一步延长加工链条。推进农产品加工循环、高值、梯次利用和减损增效取得实质性进展。

（六）集成加工技术成果。围绕产业链部署创新链、围绕创新链部署资金链和资源链，引导农产品加工企业牵头开展"产学研用"联合攻关，攻克食品预处理、分离提取、混合均质、灌装包装、减损增效等技术瓶颈。组织加工企业、研发团队和装备企业，打造共性技术研发平台和创新联合体，创制信息化、智能化、工程化加工装备，建设一批集成度高、系统性强、能应用、可复制的农产品加工技术集成基地，打造一批中国农业食品创新产业园。

（七）打造农业全产业链。围绕县域农业主导产业，引导县域农业产业化龙头企业牵头组建农业产业化联合体，前端联结农业研发、育种、生产等环节，后端延展加工、储运、销售、品牌、体验、消费、服务等环节，优化提升产业链供应链水平，实现全环节提升、全链条增值、全产业融合。引导有条件的头部企业，搭建全产业链数字平台，将上中下游经营主体纳入平台，打通全产业链上中下游环节，实现信息共享、品牌共创、渠道共建和质量安全可追溯。

（八）创响知名农业品牌。按照"有标采标、低标提标、无标创标"要求，培育标准"领跑者"。塑强区域公用品牌，加强农产品地理标志管理和品牌保护，深入实施地理标志农产品保护工程，推进现代农业全产业链标准化试点。引育一批有自主知识产权和品牌效应的龙头企业，引导企业与农户等共创企业品牌。培育一批"独一份、特别特、好中优"的"土字号""乡字号"产品品牌。加大品牌推介力度，讲好品牌故事，提升品牌公信力和品牌溢价能力。

三、做精做优乡村休闲旅游业

发挥乡村休闲旅游业在横向融合农文旅中的连接点作用，以农民和农村集体经济组织为主体，联合大型农业企业、文旅企业等经营主体，大力推进"休闲农业+"，突出绿水青山特色、做亮生态田园底色、守住乡土文化本色，彰显农村的"土气"、巧用乡村的"老气"、焕发农民的"生气"、融入时代的"朝气"，推动乡村休闲旅游业高质量发展。

（九）保护生态资源和乡土文化。坚持生态优先、绿色发展，实现保护与开发并举、生产与生态并重。保护好森林、山丘、湖泊、溪流、草原、湿地等自然资源，利用好稻田、茶园、花海、牧场、养殖池塘、湖泊水库等田园风光，发挥好农业的涵养水源、保持水土、防风固沙、调节气候、净化空气、消除污染等重要作用；保护好传统村落、民族村寨、传统建筑、文物古迹、农业遗迹、灌溉工程等农业物质遗产，传承好民族民俗文化、传统手工艺、戏曲曲艺、渔歌、渔港文化等非物质遗产，形成以资源可持续利用、文化可接续传承为基础的乡村休闲旅游发展模式。

（十）发掘生态涵养产品。注重人与自然和谐共生，依托山水林田湖草沙等自然资源，结合农业资源保护利用、农村生态文明建设、农耕文化传承和节能减排固碳，发展生态观光、农事体验、户外拓展、自驾旅居等业态，开发森林人家、林间步道、健康氧吧、温泉水疗、水上漂流、滑草滑沙、星空露营等产品，打造一批循环农业、生态农牧、稻渔共生等生态样板，建设一批学农劳动、研学实践、科普教育等实训基地，创设一批农事生产、节气物候、自然课堂、健康养生等科普教程。

（十一）培育乡村文化产品。将乡村民俗文化、人文精神与现代要素、时尚元素和美学艺术相结合，深入发掘民间艺术、戏曲曲艺、手工技艺、民族服饰、民俗活动等活态文化，打造具有农耕特质、民族特色、地域特点的乡村文化项目，发展历史赋能、独具特色、还原传统的乡村民宿经济，制作乡村戏剧曲艺、杂技杂耍等文创产品，创响"珍稀牌""工艺牌""文化牌"的乡土品牌。大力弘扬以爱国主义为核心的民族精神和以改革创新为核心的时代精神，打造文化乡村，培育文明乡风，弘扬革命文化，赓续红色血脉。

（十二）打造乡村休闲体验产品。依托乡村资源，围绕多功能拓展、多业态聚集、多场景应用，开发乡宿、乡游、乡食、乡购、乡娱等综合体验项目。开发"看乡景"产品，建设采摘园、垂钓园、风情街、民俗村、农业主题公园等景点，发展景观农业、观光采摘、休闲垂钓、特色动植物观赏等业态，打造一批田园康养基地和田园式花园式乡景基地。开发"品乡味"产品，鼓励优质特色农产品实现地产地销、就地加工，发展乡味食堂、风味小吃、特色食品，培育精品农家菜和厨艺达人，举办乡土菜、农家宴推介和大赛。开发"享乡俗"产品，发展民族风情游、民俗体验游、村落风光游等业态，创设村歌、村晚、旅游演艺、节庆展会等节目，开发传统工艺、民族服饰等民族民俗特色产品。开发"忆乡愁"产品，发展文化体验、教育农园、亲子体验、研学示范等业态，开展"体验乡村休闲、感悟乡土文化""乡味从未散去、回首已是千年"等活动，讲好乡村故事，吸引居民望山见水忆乡愁。

（十三）提升乡村休闲旅游水平。以"绣花"功夫抓好乡村环境治理，以"标兵"姿态抓实乡村生活垃圾分类，以"园丁"精神抓好美丽庭院、美丽田园、美丽山水建设，改善餐饮、住宿、停车、厕所等设施条件，因地制宜加快推进农村生活污水治理。将先进的管理模式和理念引入乡村，制修订乡村休闲旅游服务规程和标准，用标准创响品牌，用品牌汇聚资源，让消费者体验乡村品质。

（十四）实施乡村休闲旅游精品工程。推动资源适度集聚，强化典型引领带动，构建"点线面"结合的乡村休闲旅游发展格局。培育 1500 个美丽宜人、业兴人和的美丽休闲乡村，推动产村融合发展，带动乡村生产生活生态价值提升。推介 1000 条运营成熟、体验美好的乡村休闲旅游精品景点线路，促进产业提质增效，打造一批乡村休闲旅游优势品牌和城乡居民休闲旅游"打卡地"。建设 300 个资源独特、设施完备、业态丰富、创新活跃的休闲农业重点县，推动县域统筹规划、整体推进、集成创新，打造一批乡村休闲旅游先行区。

四、做活做新农村电商

发挥农村电商在对接科工贸的结合点作用，实施"互联网+"农产品出村进城工程，利用5G、云计算、物联网、区块链等技术，加快网络体系、前端仓库和物流设施建设，把现代信息技术引入农业产加销各个环节，建立县域农产品大数据，培育农村电商实体及网络直播等业态。

（十五）培育农村电商主体。引导平台企业、物流、商贸、金融、供销、邮政、快递等各类主体到乡村布局，完善农村商贸服务体系。坚持共建共享、互联互通原则，在促进工业品下乡的同时更加聚焦服务农产品上行，依托益农信息社、农村综合服务社、村邮站、快递网点、农产品购销代办站、农家店等经营主体发展电商末端服务网点。依托信息进村入户运营商、优质电商直播平台、直播机构和经纪公司，发展直播卖货、助农直播间、移动菜篮子等，培育农民直播销售员。

（十六）打造农产品供应链。建设产地仓储保鲜冷链基础设施，集中打造农产品生产供应基地，配备智能化设施设备和质量追溯设备，鼓励使用"一品一码""一捆一码""一筐一码"等追溯技术设备。提升农产品产地流通效率，创新农产品产地市场建设模式和运营机制，鼓励电商企业在产地建设一批田头市场，推动国家级、区域性农产品产地市场开展农产品线上批发、零售和产销对接等活动，进一步拓宽农产品流通渠道。建设农产品县级集散配送中心，打造出村进城枢纽，提升集中采购和跨区域配送能力，完善网销农产品商品化处理、品控分拣、打包配送、统配统送等功能。建设产地初加工服务站点，开展农产品分等分级、预冷仓储、包装等服务，整合快递物流等现有条件，完善县乡村三级物流体系。构建农产品供应链体系，实施"数商兴农"，打造农产品网络品牌，支持运营主体带动农户统一标准、统一生产、统一采购、统一品牌、统一销售，构建基于互联网的供应链管理模式，形成协同高效、利益共享的优质特色农产品供应链体系。

（十七）建立运营服务体系。提升电商服务功能，充分利用乡村网络站点优势，以低成本、简便易行的方式，与县级仓储物流节点有效衔接，构建网销服务体系。培育网络新零售，在大型电商平台开设旗舰店，培育零售电商、批发电商、分销电商以及社交电商、直播电商等新模式，形成多样化多层次的全网营销体系。注重线下渠道维护，与休闲体验相结合，建设优质特色农产品直营店、体验区，用网络营销带来的知名度促进线下销售。

（十八）强化农产品质量监管。强化农产品质量安全监测预警，稳定和加强基层农产品质量安全检验检测体系。加强乡镇农产品质量安全网格化管理，严查种植养殖屠宰环节使用禁限用药物行为，管控上市农产品常规农兽药残留超标问题，让生产者牢固树立"不合格不上市"的意识。推行食用农产品达标合格证制度，规范生产主体开具、使用合格证。积极探索利用现代信息技术的"阳光农安"智慧管理模式。支持产业化运营主体加强自我检测、全过程追溯。加快农产品田间管理、采后处理、分等分级、包装储运、产品追溯、信息采集等各环节标准研制。

五、创造良好发展环境

（十九）加强组织领导。各省（自治区、直辖市）要将拓展农业多种功能、促进乡村产业高质量发展作为全面推进乡村振兴的重点任务，按照"一个产业、一套班子、一套政策、一个团队"要求，建立统筹协调、多方参与、分工协作的推进机制，聚焦主导产业、聚集资源要素、聚合服务功能，促进规划、政策、标准等有效衔接，加强业务指导、项目扶持、示范带动，形成高效指导和促进体系。

（二十）搭建平台载体。将优势特色产业集群、现代农业产业园、农业产业强镇等农业产业融合发展项目、"互联网+"农产品出村进城工程和农产品仓储保鲜冷链设施建设与拓展农业多种功能有机衔接，以项目建设带动农业多种功能拓展。提升农产品加工园区建设水平，配齐原料生产、精深加工、体验展示、物流配送等设施，打造一批国际农产品加工产业园。建设拓展农业多种功能先行区，开展拓展农业多种功能量化评估，探索建立乡村多元价值实现机制。培育一批农村电商产业园，引导各类人才入园创办网店、开办直播间。

（二十一）培育壮大龙头企业。扩大龙头企业认定范围，将乡村休闲旅游、乡土文化开发、农耕文化传播、农村电子商务等领域的龙头企业纳入农业产业化龙头企业认定范围。围绕制约农业农村现代化发展的"卡脖子"技术或短板领域，做强一批具有自主创新能力的科技领军型龙头企业。围绕粮棉油糖、肉蛋奶、种业等关系国计民生的重要行业，做强一批具有国际影响力的头部龙头企业。围绕果蔬茶等满足消费者多样需求的特色农产品领域，做优一批引领行业发展的骨干企业。围绕粮食生产功能区、重要农产品生产保护区、特色农产品优势区和脱贫地区，做大一批联农带农紧密的区域型龙头企业。

（二十二）完善配套政策。落实财税政策，鼓励有条件的地方按市场化方式设立乡村产业发展基金，执行好中小微企业税费优惠政策，落细农产品初加工企业所得税优惠政策，支持将烘干机配套设施、果菜茶初加工成套设备、蜜蜂养殖及蜂产品初加工成套设施装备等纳入农机新产品购置补贴试点范围。强化金融扶持政策，用好"银税互动""银信互动""银单互动"贷款机制，开发"专项贷、订单贷、链条贷"等金融产品，发挥农业信贷担保体系作用，支持产品有市场、项目有前景、技术有竞争力的乡村企业。鼓励社会资本到乡村投资兴业。落实农村一二三产业融合发展用地政策，推动各地制定乡村产业发展用地实施细则，保障农村一二三产业融合发展合理用地需求。

（二十三）强化指导服务。持续改善营商环境，加强乡村基础设施建设，畅通现代要素向乡村流动的渠道。建立乡村企业家智库，通过线上线下多种途径听取乡村企业家意见建议。引导各类互联网企业、平台型企业发挥自身优势，建立乡村企业"人地钱货"直通车服务平台，为企业提供资金技术、用地用电、高素质人才、营销渠道、运营管理等服务。

（二十四）筑牢科技和人才支撑。引进科技人才，重点引进科技领军人才、青年科技人才和高水平创新团队到乡村开展智力服务。培育企业家人才，重点培育现代乡村企业家、"小巨人"企业家和经营管理人才，扎根乡村、兴办乡产、带富乡亲。扶持创业人才，支持返乡农民工、大学生、退役军人以及离退休人员、专业人员等返乡入乡创业，鼓励"田秀才""土专家""乡创客"和能工巧匠在乡创业。

（二十五）加强宣传引导推介。开展农业多种功能科普宣传，促进"山水乡愁"进学校、进社区、进家庭。总结凝练乡村产业高质量发展模式，通过中国国际农产品交易会、中国农产品加工业投资贸易洽谈会等农业展会以及农业展馆、地方特色馆等场所宣传推介。利用传统媒体和新媒体，多角度、全方位、立体式解读产业政策、宣传经验做法、推广典型模式，引导全社会共同关注、协力支持，营造良好舆论氛围。

附件3

《社会资本投资农业农村指引（2022年）》（摘录）

对标全面推进乡村振兴、加快农业农村现代化目标任务，立足当前农业农村新形势新要求，聚焦乡村发展、乡村建设、乡村治理的重点领域、关键环节，撬动更多社会资本，充分调动各方面积极性，促进农业农村经济转型升级。

（一）现代种养业。

支持社会资本发展规模化、标准化、品牌化和绿色化种养业，推动品种培优、品质提升、品牌打造和标准化生产，助力提升粮食和重要农产品供给保障能力。巩固主产区粮棉油糖胶生产，推进国家粮食安全产业带建设。支持大豆油料生产基地建设，支持玉米大豆带状复合种植，发展旱作农业，加强智能粮库建设。

加强蔬菜（含食药用菌）生产能力建设，大力发展温室大棚、集约养殖、水肥一体、高效节水等设施农业，鼓励发展工厂化集约养殖、立体生态养殖等新型养殖设施。支持稳定生猪基础产能，推进标准化规模养殖；加快发展草食畜牧业，扩大基础母畜产能，稳步发展家禽业，加强奶源基地建设。

支持建设现代化饲草产业体系，推进饲草料专业化生产。鼓励发展水产绿色健康养殖，发展稻渔综合种养、大水面生态渔业和盐碱水养殖。支持深远海养殖业发展，发展深远海大型智能化养殖渔场，推动海洋牧场、远洋渔业基地建设。支持大食物开发，保障各类食物有效供给。

（二）现代种业。

鼓励社会资本投资创新型种业企业，扶优扶强种业企业，推进科企深度融合，支持种业龙头企业健全商业化育种体系，提升商业化育种创新能力，提升我国种业国际竞争力。引导参与现代种业自主创新能力提升，推进种源等农业关键核心技术攻关。加强种质资源保存与利用、育种创新、品种检测测试与展示示范、良种繁育等能力建设，促进育繁推一体化发展，建立现代种业体系。

在严格监管、风险可控的基础上，鼓励社会资本积极参与生物育种产业化应用。创新推广"龙头企业＋优势基地"模式，支持社会资本参与国家南繁育种基地等制种基地建设与升级，加快制种大县和区域性良繁基地建设。鼓励社会资本参与建设国家级育种场，完善良种繁育和生物安全防护设施条件，推进国家级水产供种繁育基地建设。

（三）乡村富民产业。

鼓励社会资本开发特色农业农村资源，支持农业现代化示范区主导产业全产业链升级，积极参与建设现代农业产业园、优势特色产业集群、农业产业强镇、渔港经济区，发展特色农产品优势区，发展国家农村产业融合发展示范园，支持建设"一村一品"示范村镇。鼓励企业到产地发展粮油加工、农产品初加工、食品制造。

支持发展特色优势产业，发展绿色农产品、有机农产品和地理标志农产品，支持拓展农业多种功能、挖掘乡村多元价值。建设标准化生产基地、集约化加工基地、仓储物流基地，完善科技支撑体系、生产服务体系、品牌与市场营销体系、质量控制体系，建立利益联结紧密的建设运行机制。巩固提升脱贫地区特色产业，鼓励有条件的脱贫地区发展光伏产业。

因地制宜发展具有民族、文化与地域特色的乡村手工业，发展一批家庭工厂、手工作坊、乡村车间。加快农业品牌培育，加强品牌营销推介，鼓励社会资本支持区域公用品牌建设，打造一批具有市场竞争力的农业企业品牌。

（四）农产品加工流通业。

鼓励社会资本参与粮食主产区和特色农产品优势区发展农产品加工业，提升行业机械化、标准化水平。鼓励发展冷藏保鲜、原料处理、分级包装等初加工，到产地发展粮油加工、农产品加工、食品制造等精深加工，在主产区和大中城市郊区布局中央厨房、主食加工、休闲食品、方便食品、净菜加工等业态。

鼓励参与农产品产地、集散地、销地批发市场、田头市场建设，完善农村商贸服务网络。加强粮食、棉花、食糖等重要农产品仓储物流设施建设，建设一批贮藏保鲜、分级包装、冷链配送等设施设备和田头小型仓储保鲜冷链设施。鼓励有条件的地方建设产地冷链配送中心，打造农产品物流节点，发展农超、农社、农企、农校等产销对接的新型流通业态。鼓励发展生鲜农产品新零售。支持冷链物流企业做大做强，支持大型流通企业以县城和中心镇为重点下沉供应链，促进农村客货邮融合发展。

（五）乡村新型服务业。

鼓励社会资本发展休闲观光、乡村民宿、创意农业、农事体验、农耕文化、农村康养等产业，做精做优乡村休闲旅游业。支持挖掘和利用农耕文化遗产资源，发展乡村特色文化产业，培育具有农耕特质的乡村文化产品，大力开发乡宿、乡游、乡食、乡购、乡娱等休闲体验产品，建设农耕主题博物馆、村史馆，传承农耕手工艺、曲艺、民俗节庆，促进农文旅融合发展。鼓励发展生产性服务业，引导设施租赁、市场营销、信息咨询等领域市场主体将服务网点延伸到乡村。

引导采取"农资＋服务""农机＋服务""科技＋服务""互联网＋服务"等方式，发展农业生产托管服务，提供市场信息、农技推广、农资供应、统防统治、深松整地、农产品营销等社会化服务。鼓励社会资本拓展生活性服务业，改造提升餐饮住宿、商超零售、电器维修、再生资源回收和养老护幼、卫生保洁、文化演出等乡村生活服务业。

（六）农业农村绿色发展。

鼓励社会资本积极参与建设国家农业绿色发展先行区，支持参与绿色种养循环农业试点、畜禽粪污资源化利用、养殖池塘尾水治理、农业面源污染综合治理、秸秆综合利用、农膜农药包装物回收行动、病死畜禽无害化处理、废弃渔网具回收再利用，推进农业投入品减量增效，加大对收储运和处理体系等方面的投入力度。

鼓励投资农村可再生能源开发利用，加大对农村能源综合建设投入力度，推广农村可再生能源利用技术，提升秸秆能源化、饲料化利用能力。支持研发应用减碳增汇型农业技术，探索建立碳汇产品价值实现机制，助力农业农村减排固碳。参与长江黄河等流域生态保护、东北黑土地保护、重金属污染耕地治理修复。

（七）农业科技创新。

鼓励社会资本创办农业科技创新型企业，参与农业关键核心技术攻关，开展全产业链协同攻关。鼓励聚焦生物育种、耕地质量、智慧农业、农业机械设备、农业绿色投入品等关键领域,加快研发与创新一批关键核心技术及产品,开展生物育种、高端智能农机、丘陵山区农机、大型复合农机和产业急需农民急用的短板机具、渔业装备、绿色投入品、环保渔具和玻璃钢等新材料渔船等的研发创新、成果转化与技术服务,提升装备研发应用水平。

鼓励参与农业领域国家重点实验室等科技创新平台基地建设,参与农业科技创新联盟、国家现代农业产业科技创新中心等建设,促进科技与产业深度融合。支持农业企业牵头建设农业科技创新联合体或新型研发机构,加强农业科技社会化服务体系建设,完善农业科技推广服务云平台。引导发展技术交易市场和科技服务机构,提供科技成果转化服务,加快先进实用技术集成创新与推广应用。

(八)农业农村人才培养。

支持社会资本参与农业生产经营人才、农村二三产业发展人才、乡村公共服务人才、乡村治理人才、农业农村科技人才、乡村基础设施建设和管护人才等培养。鼓励依托原料基地、产业园区等建设实训基地,依托信息、科技、品牌、资金等优势打造乡村人才孵化基地。鼓励为优秀农业农村人才提供奖励资助、技术支持、管理服务,促进农业农村人才脱颖而出。

(九)农业农村基础设施建设。

支持社会资本参与高标准农田建设、中低产田改造、耕地地力提升、盐碱地开发利用、农田水利建设,农村产业路、资源路、旅游路建设,通村组路硬化,丘陵山区农田宜机化改造,农房质量安全提升,农村电网巩固,农村供水工程建设和小型工程标准化改造,太阳能、风能、水能、地势能、生物质能等清洁能源建设,以及建设乡村储气罐站和微管网供气系统。

立足乡村现有基础扎实稳妥推进乡村建设，协调推进农村道路、供水、乡村清洁能源、数字乡村等基础设施建设。在有条件的地区推动实施区域化整体建设，推进田水林路电综合配套，同步发展高效节水灌溉。鼓励参与渔港和避风锚地建设，协同推动乡村基础设施建设和公共服务发展。

（十）数字乡村和智慧农业建设。

鼓励社会资本参与建设数字乡村和智慧农业，推进农业遥感、物联网、5G、人工智能、区块链等应用，推动新一代信息技术与农业生产经营、质量安全管控深度融合，促进信息技术与农机农艺融合应用，提高农业生产智能化、经营网络化水平。支持参与数字乡村建设行动，引导平台企业、物流企业、金融企业等各类主体布局乡村。

鼓励参与农业农村大数据建设，拓展农业农村大数据应用场景，加强农产品及农资市场监测和分析预警，为新型农业经营主体、小农户提供信息服务。鼓励参与农村地区信息基础设施建设，助力提升乡村治理、社会文化服务等信息化水平。鼓励参与"互联网＋"农产品出村进城工程建设，推进优质特色农产品网络销售，促进农产品产销对接。

支持数字乡村标准化建设，加强农村信用基础设施建设，推动遥感卫星数据在农业农村领域中的应用，健全农村信息服务体系。鼓励建设数字田园、数字灌区和智慧农（牧、渔）场，借力信息技术赋能乡村公共服务，推动"互联网＋政务服务"向乡村延伸覆盖。

（十一）农村创业创新。

鼓励社会资本投资建设返乡入乡创业园、农村创业创新园区和农村创业孵化实训基地等平台载体，加强各类平台载体的基础设施、服务体系建设，推动产学研用合作，激发农村创业创新活力。鼓励联合普通高校、职业院校、优质教育培训机构等开展面向农村创业创新带头人关于创业能力、产业技术、经营管理方面的培训，建设产学研用协同创新基地，规范发展新就业形态，培育发展家政服务、物流配送、养老托育等生活性服务业，促进农民就地就近就业创业。

（十二）农村人居环境整治。

支持社会资本参与农村人居环境整治提升五年行动。鼓励参与农村厕所革命、农村生活垃圾治理、农村生活污水治理等项目建设运营，健全农村生活垃圾收运处置体系，加强村庄有机废弃物综合处置利用设施建设。鼓励参与村庄清洁和绿化行动。推进农村人居环境整治与发展乡村休闲旅游等有机结合。

（十三）农业对外合作。

鼓励社会资本参与农业对外经贸合作，支持企业在"一带一路"共建国家开展粮、棉、油、糖、胶、畜、渔等生产加工、仓储物流项目合作，建设境外农业合作园区。鼓励围绕粮食安全、气候变化、绿色发展等领域，积极参与全球农业科技合作，参与农资农机、农产品加工流通、农业信息等服务走出去，带动相关领域产能合作。鼓励参与农业国际贸易高质量发展基地、农业对外开放合作试验区等建设，创新农业经贸合作模式、对接有关规则标准、培育出口农产品品牌、建设国际营销促销网络，培育农业国际竞争新优势。

附件4

财政部、农业农村部2022年重点强农惠农政策(摘录)

2022年,贯彻落实党的十九届六中全会、中央经济工作会议、中央农村工作会议、中央1号文件精神,围绕巩固拓展脱贫攻坚成果、全面推进乡村振兴、加快农业农村现代化,按照"保供固安全、振兴畅循环"的工作定位,国家继续加大支农投入,强化项目统筹整合,推进重大政策、重大工程、重大项目顺利实施。为便于广大农民和社会各界了解国家强农惠农政策,发挥政策引导作用,现将2022年重点强农惠农政策发布如下。

一、粮食生产支持

1.实际种粮农民一次性补贴。为适当弥补农资价格上涨增加的种粮成本支出,保障种粮农民合理收益,2022年中央财政继续对实际种粮农民发放一次性农资补贴,释放支持粮食生产积极信号,稳定农民收入,调动农民种粮积极性。补贴对象为实际承担农资价格上涨成本的实际种粮者,包括利用自有承包地种粮的农民,流转土地种粮的大户、家庭农场、农民合作社、农业企业等新型农业经营主体,以及开展粮食耕种收全程社会化服务的个人和组织,确保补贴资金落实到实际种粮的生产者手中,提升补贴政策的精准性。补贴标准由各地区结合有关情况综合确定,原则上县域内补贴标准应统一。

2.农机购置与应用补贴。开展农机购置与应用补贴试点,开展常态化作业信息化监测，优化补贴兑付方式，把作业量作为农机购置与应用补贴分步兑付的前置条件，为全面实施农机购置与应用补贴政策夯实基础。推进补贴机具有进有出、优机优补，推进北斗智能终端在农业生产领域应用。支持开展农机研发制造推广应用一体化试点。

3.重点作物绿色高质高效行动。聚焦围绕粮食和大豆油料作物，集成推广新技术、新品种、新机具，打造一批优质强筋弱筋专用小麦、优质食味稻和专用加工早稻、高产优质玉米的粮食示范基地，同时集成示范推广高油高蛋白大豆、"双低"油菜等优质品种和区域化、标准化高产栽培技术模式，打造一批大豆油料高产攻关田，示范带动大范围均衡增产。适当兼顾蔬菜等经济作物，建设绿色高质高效示范田和品质提升基地。

4.农业生产社会化服务。聚焦粮食和大豆油料生产，支持符合条件的农民合作社、农村集体经济组织、专业服务公司和供销合作社等主体开展社会化服务，推动服务带动型规模经营发展。支持各类服务主体集中连片开展单环节、多环节、全程托管等服务，提高技术到位率、服务覆盖面和补贴精准性，推动节本增效和农民增收。

5.基层农技推广体系改革与建设。聚焦粮食稳产增产、大豆油料扩种、农产品有效供给等重点，根据不同区域自然条件和生产方式，示范推广重大引领性技术和农业主推技术，推动农业科技在县域层面转化应用。继续实施农业重大技术协同推广，激发各类推广主体活力，建立联动示范推广机制。继续实施农技推广特聘计划，通过政府购买服务等方式，从乡土专家、新型农业经营主体、种养能手中招募特聘农技（动物防疫）员。

6. 玉米大豆生产者补贴、稻谷补贴和产粮大县奖励。国家继续实施玉米和大豆生产者补贴、稻谷补贴和产粮大县奖励等政策，巩固农业供给侧结构性改革成效，保障国家粮食安全。

二、种业创新发展

7. 种质资源保护。继续支持符合条件的国家畜禽遗传资源保种场、保护区和基因库等国家级畜禽遗传资源保护品种保护单位开展畜禽遗传资源保护，支持符合条件的国家畜禽核心育种场、种公畜站、奶牛生产性能测定中心等开展种畜禽和奶牛生产性能测定工作。

8. 畜牧良种推广。在主要草原牧区省份对项目区内符合条件的养殖场（户）给予适当补助，支持牧区畜牧良种推广。在生猪大县对符合条件的生猪养殖场（户）给予适当补助，加快生猪品种改良。支持开展蜜蜂遗传资源保护利用，完善蜜蜂良种繁育体系，改善养殖设施装备水平，开展农作物高效蜂授粉试点。

9. 制种大县奖励。扩大水稻、小麦、玉米、大豆、油菜制种大县支持范围，将九省棉区棉花制种大县纳入奖励范围，提高农作物良种覆盖面，提升核心种源保障能力，促进种业转型升级，实现高质量发展。

三、畜牧业健康发展

10. 奶业振兴行动。择优支持奶业大县发展奶牛标准化规模养殖，推广应用先进智能设施装备，推进奶牛养殖和饲草料种植配套衔接，选择有条件的奶农、农民合作社依靠自有奶源开展养加一体化试点，示范带动奶业高质量发展。实施首蓿发展行动，支持首蓿种植、收获、运输、加工、储存等基础设施建设和装备提升，增强苜蓿等优质饲草料供给能力。

11. 粮改饲。以农牧交错带和黄淮海地区为重点，支持规模化草食家畜养殖场（户）、企业或农民合作社以及专业化饲草收储服务组织等主体，收储使用青贮玉米、苜蓿、饲用燕麦、黑麦草、饲用黑麦、饲用高粱等优质饲草，通过以养带种的方式加快推动种植结构调整和现代饲草产业发展。各地可根据当地养殖传统和资源情况，因地制宜将有饲用需求的区域特色饲草品种纳入范围。

12. 肉牛肉羊增量提质行动。进一步扩大项目实施范围，在吉林、山东、河南、云南等19个省（自治区），选择产业基础相对较好的牛（羊）养殖大县，支持开展基础母牛扩群提质和种草养牛养羊全产业链发展。

13. 生猪（牛羊）调出大县奖励。包括生猪调出大县奖励、牛羊调出大县奖励和省级统筹奖励资金。生猪调出大县奖励资金和牛羊调出大县奖励资金由县级人民政府统筹安排用于支持本县生猪（牛羊）生产流通和产业发展，省级统筹奖励资金由省级人民政府统筹安排用于支持本省（自治区、直辖市）生猪（牛羊）生产流通和产业发展。

四、农业全产业链提升

14. 农业产业融合发展。统筹布局建设一批国家现代农业产业园、优势特色产业集群和农业产业强镇。重点围绕保障国家粮食安全和重要农产品有效供给，聚焦稻谷、小麦、玉米、大豆、油菜、花生、牛羊、生猪、淡水养殖、天然橡胶、棉花、食糖、奶业、种业、设施蔬菜等重要农产品，适当兼顾其他特色农产品，构建以产业强镇为基础、产业园为引擎、产业集群为骨干，省县乡梯次布局、点线面协同推进的现代乡村产业体系，整体提升产业发展质量效益和竞争力。

15. 农产品产地冷藏保鲜设施建设。重点围绕蔬菜、水果等鲜活农产品，兼顾地方优势特色品种，合理布局建设农产品产地冷藏保鲜设施，采取"先建后补、以奖代补"方式，择优支持蔬菜、水果等产业重点县开展整县推进。依托县级及以上示范家庭农场和农民合作社示范社、已登记的农村集体经济组织实施，重点支持建设通风贮藏设施、机械冷藏库、气调冷藏库，以及预冷设施设备和其他配套设施设备。

16. 农产品地理标志保护工程。围绕生产标准化、产品特色化、身份标识化和全程数字化，完善相关标准和技术规范，支持开展地理标志农产品特色种质保存、特色品质保持和特征品质评价，推进全产业链生产标准化，挖掘农耕文化，加强宣传推介，强化质量安全监管和品牌打造，推动地理标志农产品产业发展。

五、新型经营主体培育

17. 高素质农民培育。统筹推进新型农业经营服务主体能力提升、种养加能手技能培训、农村创新创业者培养、乡村治理及社会事业发展带头人培育。继续开展农村实用人才带头人和到村任职选调生培训。启动实施乡村产业振兴带头人培育"头雁"项目，打造一支与农业农村现代化相适应，能够引领一方、带动一片的乡村产业振兴带头人"头雁"队伍。

18. 新型农业经营主体高质量发展。支持县级及以上农民合作社示范社和示范家庭农场改善生产经营条件，规范财务核算，应用先进技术，推进社企对接，提升规模化、集约化、信息化生产能力。着力加大对从事粮食和大豆油料种植的家庭农场和农民合作社、联合社支持力度。鼓励各地加强新型农业经营主体辅导员队伍和服务中心建设，可通过政府购买服务方式，委托其为家庭农场和农民合作社提供技术指导、产业发展、财务管理、市场营销等服务。鼓励各地开展农民合作社质量提升整县推进。

19. 农业信贷担保服务。重点服务家庭农场、农民合作社、农业社会化服务组织、小微农业企业等农业适度规模经营主体。服务范围限定为农业生产及与其直接相关的产业融合项目，加大对粮食和大豆油料生产、乡村产业发展等重点领域的信贷担保支持力度，助力农业经营主体信贷直通车常态化服务，提升数字化、信息化服务水平。在有效防范风险的前提下，加快发展首担业务。中央财政对省级农担公司开展的符合"双控"要求的政策性农担业务予以奖补，支持其降低担保费用和应对代偿风险。

六、农业资源保护利用

20. 渔业发展补助。聚焦渔业资源养护、纳入国家规划的重点项目以及促进渔业安全生产等方面，重点支持建设国家级海洋牧场、现代渔业装备设施，以及国家级沿海渔港经济区、远洋渔业基地等公益性基础设施更新改造和整治维护，开展集中连片内陆养殖池塘标准化改造和尾水治理，实施渔业资源调查养护和国际履约能力提升奖补等。支持实施渔业资源养护，继续在流域性大江大湖、界江界河、资源退化严重海域等重点水域开展渔业增殖放流，促进恢复或增加渔业种群的数量，改善和优化水域的渔业种群结构。

21. 绿色种养循环农业试点。继续在符合条件的试点县整县开展绿色种养循环农业试点，支持企业、专业化服务组织等市场主体提供粪肥收集、处理、施用服务，带动县域内畜禽粪污基本还田，打通种养循环堵点，推动化肥减量化，促进畜禽粪污资源化利用和农业绿色发展。

22. 农作物秸秆综合利用。以秸秆资源量较大的县（市、区）为重点实施区域，培育壮大秸秆利用市场主体，完善收储运体系，加强资源台账建设，健全监测评价体系，强化科技服务保障，培育推介一批秸秆产业化利用典型模式，形成可推广、可持续的产业发展模式和高效利用机制，提升秸秆综合利用水平。